De todos los pu

Cómo comprender
la misión

Samuel Escobar

Ediciones Certeza Unida
Barcelona, Buenos Aires, La Paz, Lima
2008

Escobar, Samuel
Cómo comprender la misión: de todos los pueblos a
todos los pueblos. -1a ed.- Buenos Aires: Certeza Unida,
2007.
    256 p.; 21x13 cm.

    ISBN 978-950-683-142-4

    1. Misiones Cristianas. I. Título
    CDD 266

Título en inglés: *A Time for Mission* © Inter–Varsity Pres U.K. y Lanham
Partnership International, 2003. Título de la edición estadounidense:
The New Global Mission.
1ª edición en castellano © 2008 Ediciones Certeza Unida, Buenos Aires. Queda
hecho el depósito que establece la Ley 11.723.

Excepto cuando se indica lo contrario, las citas de las Escrituras
en esta publicación han sido tomadas de la Nueva Versión Internacional
de la Biblia, 1999.

Traducción: Samuel Escobar – David Powell
Edición: Adriana Powell
Diseño: Ayelén Horwitz

Ediciones Certeza Unida es la casa editorial de la Comunidad Internacional
de Estudiantes Evangélicos (CIEE) en los países de habla hispana. La
CIEE es un movimiento compuesto por grupos estudiantiles que buscan
cumplir y capacitar a otros para la misión en la universidad y el mundo.
Más información en:
Certeza Argentina, Bernardo de Irigoyen 654, (C1072AAN)
Ciudad Autónoma de Buenos Aires, Argentina. certeza@certezaargentina.
com.ar
Editorial Lámpara, Calle Almirante Grau N° 464, San Pedro,
Casilla 8924, La Paz, Bolivia. coorlamp@entelnet.bo
Publicaciones Andamio, Alts Forns 68, Sótano 1, 08038, Barcelona, España.
editorial@publicacionesandamio.com
Ediciones Puma, Av. Arnaldo Márquez 855, Jesús María, Lima, Perú.
Teléfono / Fax 4232772. puma@cenip.org; puma@infonegocio.net.pe

Impreso en Colombia. *Printed in Colombia.*

Contenido

Prefacio

La verdad del evangelio que da sentido a la vida es siempre una palabra que hemos recibido. No la tenemos con nosotros cuando venimos a este mundo. Es una palabra que otra persona nos pasa. Por eso cuando la recibimos estamos obligados a compartirla. Esa alegría y privilegio están en el meollo de la misión cristiana. La gratitud es un don de Dios que nos lleva a tomar parte en lo que el Espíritu Santo está haciendo en el mundo: que Cristo sea conocido y que los seres humanos sean transformados a su semejanza.

Al entregar estas páginas a mis lectores creo apropiado expresar gratitud a Dios por los misioneros que cruzaron el mar para llevar el evangelio de Jesucristo a mi ciudad natal de Arequipa, en el sur del Perú. Mi padre conoció el evangelio gracias a misioneros de la misión Enlace Latino, y además de la Palabra recibida en el hogar fue la misionera Iza Elder, mi maestra primaria que había viajado desde Nueva Zelanda, quien primero me hizo entender el mensaje de Jesucristo. A su memoria dedico estas páginas.

Las dedico también a los misioneros evangélicos latinoamericanos que hoy están embarcados por todo el mundo en el anuncio del evangelio. Tanto a los que han salido intencionalmente con ese propósito, como a los que en medio de su destierro involuntario se hacen también mensajeros de Jesucristo.

Agradezco a mi amigo John Stott, quien me animó a terminar este proyecto durante su visita a Lima en el 2001. Un semestre sabático del Seminario Bautista del Este y la ayuda de Ministerios Internacionales de las Iglesias Bautistas Americanas, me dieron la libertad necesaria. Vaya a ellos mi gratitud, lo mismo que a mis alumnos en los Estados Unidos, América Latina y España, de quienes siempre estoy aprendiendo algo. Gracias también a Ian Darke y a Beatriz Buono por creer que valía la pena publicar esta edición del libro en castellano.

Samuel Escobar
Valencia, España

No lejos del centro de la ciudad alemana de Hanover hay una iglesia bautista de la cual forma parte una congregación de habla hispana bajo el cuidado pastoral de José Antonio González. Como muchos jóvenes españoles en la década del año 1960, José Antonio había dejado su hermoso pueblo natal en Galicia para emigrar hacia Alemania en busca de trabajo. Allí llegó a disfrutar de la amistad de una señora boliviana cuya familia también había emigrado hacia Alemania en busca de seguridad económica . La señora Pinto, que así se llamaba, no solo lo invitaba a sabrosas comidas en su casa sino que insistía en hablarle a José Antonio del evangelio de Jesucristo, y en orar por él. José Antonio era el típico católico nominal. Nunca se le había ocurrido que esa historia de Jesús que era parte del folklore de su España nativa tuviera alguna importancia para un joven soñador y emprendedor que se estaba formando en la carrera de diseño industrial. Con el paso del tiempo la historia de Jesús empezó a tomar un nuevo significado para José Antonio y éste se convirtió en un creyente en Jesucristo. Lo que este nuevo creyente jamás habría soñado es que al cabo de un tiempo habría de sentir un llamamiento para servir a Dios como pastor y predicador. Yo no sé cómo el evangelio de Jesucristo cruzó los mares para llegar a la señora Pinto en su lejana patria Bolivia, en el corazón de Sudamérica. Lo que sí me encanta y entusiasma es saber que cuando esta sencilla ama de casa cruzó el mar emigrando hacia Alemania, ¡se convirtió en una eficaz misionera!

La misión cristiana en el siglo veintiuno ha venido a ser la responsabilidad compartida de una iglesia global. Me lleno de asombro cuando considero los hechos misioneros de nuestro tiempo, y empiezo con una doxología, una acción de gracias a Dios por el misterio y la gloria del evangelio. Jesús, el Hijo encarnado de Dios, es el centro del mensaje evangélico que como una potente semilla ha florecido en innumerables plantas diferentes. Podemos nombrar un tiempo y un lugar del planeta en los cuales Jesús vivió y enseñó. En otras palabras, podemos ubicarlo dentro de una cultura particular, en un momento determinado de la historia. 'Y el Verbo se hizo hombre y habitó entre nosotros' (Juan 1.14).

Jesús vivió y enseñó en Palestina, durante el primer siglo de nuestra era. Luego de ello la historia de Jesús se ha ido trasladando de cultura en cultura, de nación en nación, de pueblo en pueblo, y algo extraño y paradójico ha sucedido. Aunque Jesús fue un artesano de Galilea, por todas partes hay quienes lo han recibido, amado y adorado, y pueblos diversos en cientos de culturas y lenguas han llegado a ver 'la gloria de Dios que resplandece en el rostro de Cristo' (2 Corintios 4.6). Más aun, en todos estos ámbitos diferentes hay personas y comunidades que han llegado a sentir lo que expresa esta frase: 'Jesús es como uno de los nuestros', y hay artistas que lo representan como a un paisano local, un hombre de su propia cultura. En este momento de la historia la iglesia global es una realidad mucho más cercana a esa revelación de futuro que tuvo el vidente del libro de Apocalipsis hacia el fin del primer siglo: 'Una multitud tomada de todas las naciones, tribus, pueblos y lenguas; era tan grande que nadie podía contarla' (Apocalipsis 7.9).

No puedo menos que confesar mi asombro cuando considero el hecho de que el evangelio sea 'traducible,' que se pueda traducir. Esto significa que el evangelio dignifica a toda cultura como vehículo válido y aceptable de la revelación de Dios. De la misma manera este hecho relativiza toda cultura, ya que no hay cultura o lengua 'sagrada' que se deba considerar como el único medio por el cual Dios puede darse a conocer. Ni siquiera el hebreo o arameo, lenguas que Jesús habló, resultan privilegiados, porque si se recuerda bien, los documentos originales del evangelio que poseemos son ya una traducción de esas lenguas al *koiné*, la forma popular del griego que era la *lingua franca* del primer siglo en el imperio romano.

Es evidente que el Dios que llamó a Abraham para formar una nación y que finalmente se reveló en Jesucristo tenía la intención de que su revelación alcanzase a todos los seres humanos. Jesús lo afirmó sin ambages en la Gran Comisión cuando dio instrucciones a sus apóstoles de hacer discípulos entre todas las naciones (Mateo 28.18). El apóstol Pablo lo expresó también en afirmaciones como ésta: 'Esto es bueno y agradable a Dios nuestro Salvador, pues él quiere que todos sean salvos y lleguen a conocer la verdad' (1 Timoteo 2.3–4). Durante veinte siglos en los cuales muchos imperios han surgido y luego han caído, el Espíritu Santo ha continuado impulsando a los cristianos a la obediencia misionera, de manera que hoy tenemos la realidad de una iglesia global.

En este libro voy a explorar la realidad de cómo la iglesia propaga la fe cristiana. El corazón de la misión es el impulso a compartir las buenas nuevas con todo ser humano, a cruzar todo tipo de barreras con el evangelio. Como comunidad de creyentes en Jesucristo, la iglesia cumple una variedad de funciones. Como comunidad diferente en el mundo, su propia existencia es un *testimonio* viviente de la acción divina. Es una compañía de creyentes que tienen *comunión* unos con otros, y una experiencia de mutua pertenencia. Estos creyentes expresan gozosamente su gratitud a Dios en el *culto* o la alabanza; ofrecen sus acciones de *servicio* a las necesidades humanas tanto fuera como dentro de la iglesia; y hacen escuchar una *voz profética* al denunciar el mal cuando proclaman el reino de Dios. Todas estas actividades son parte de la respuesta a preguntas tales como: '¿Cuál es la misión de la iglesia en el mundo?', o '¿Para qué existe la iglesia?' Compartir las buenas nuevas, ir hacia 'el otro' con el mensaje de Jesucristo, invitar a otros al gran banquete de Jesús: esto es lo que da sentido y dirección a todas las otras funciones. Así uno puede decir que la iglesia existe para la misión y que una iglesia que se limita a mirar hacia adentro no es verdaderamente la iglesia.

Una iglesia global

Durante cuatro décadas mi familia y yo hemos tenido el privilegio de participar en trabajo misionero. El misionero que me bautizó cuando llegué a ser creyente consciente, siendo yo estudiante universitario en mi patria peruana, nos enseñó que como jóvenes cristianos teníamos que embarcarnos en las tareas de plantar nuevas iglesias y evangelizar de casa en casa. De la profesora Ruth Siemens, quien fue al Perú como voluntaria a enseñar en un colegio, obtuve la visión de que la universidad era un campo misionero. Desde 1959, mi esposa Lilly y yo dedicamos nuestra vida a llevar a estudiantes universitarios a una vida de discípulos activos de Jesucristo en varios países latinoamericanos, España y el Canadá, cooperando con la Comunidad Internacional de Estudiantes Evangélicos. Guiábamos a estudiantes en el aprendizaje de una vida estudiantil vivida con sentido de misión, con la convicción de que su presencia en la universidad tenía un propósito en los planes de Dios para el mundo. Después de graduarse algunos de estos discípulos llegaron a ser misioneros en sus propios países y en otras partes del mundo. De esta manera hemos tenido el privilegio de animar a latinoamericanos que han empezado a participar en la acción misionera y en la reflexión teológica acerca de ella. Dios nos ha permitido experimentar de primera mano la realidad de una iglesia global.

En este nuevo siglo, tanto las facilidades para viajar como el flujo de información a escala global por los medios de comunicación masiva, y los tremendos movimientos migratorios producidos por el cambio económico, permiten a los cristianos e iglesias de todos los rincones de la tierra ver y experimentar la asombrosa, rica y diversa variedad de expresiones de la fe cristiana que hay en el mundo. Me ha tocado conocer personalmente a predicadores ambulantes de las iglesias independientes en África, a predicadores que son maestros del arte de narrar en las iglesias pentecostales latinoamericanas, a misioneros coreanos que con increíble espíritu de empresa salen desde su Corea natal hacia los cuatro puntos cardinales de la tierra, a sacerdotes ortodoxos que están adquiriendo nuevamente prestigio y poder en las tierras que eran parte del imperio soviético. Todas estas imágenes llenan los libros de promoción misionera y las pantallas de nuestros televisores. Son también una demostración viviente de la increíble variedad de culturas humanas y del carácter único del evangelio de Jesucristo.

Los grandes movimientos migratorios o de refugiados han llevado la gran variedad de culturas de este planeta, y también que las diferentes formas que la iglesia cristiana ha tomado entre ellas, a países desarrollados de Europa y Norteamérica. En el corazón de las ciudades norteamericanas y europeas están creciendo núcleos de cultura 'tercermundista' y expresiones variadas de la iglesia global. Desde la perspectiva misionera, para europeos y norteamericanos aquellas 'iglesias nativas' de lugares lejanos han venido a ser la iglesia hermana que queda unas cuantas manzanas más abajo, en la misma calle o avenida. De la misma manera, van creciendo comunidades musulmanas o hindúes en las ciudades occidentales y se constituyen en un desafío que pone a prueba la calidad de nuestra vida cristiana lo mismo que nuestra capacidad de comunicar el evangelio.

Dentro de esta nueva situación las iglesias europeas o norteamericanas que en el pasado veían como parte de su tarea 'occidentalizar' a los inmigrantes hoy en día se ven confrontadas por la necesidad de responder creativamente al desafío del multiculturalismo. Otra consecuencia para los cristianos en las naciones occidentales es el cambio de mentalidad que se requiere de ellos para aceptar la forma de cristianismo que ha crecido más en el hemisferio sur, y que está ahora llegando a las grandes ciudades occidentales. Se trata de una forma 'popular' de catolicismo y de protestantismo, que podríamos llamar 'cristianismo de base'. Tiene las marcas de la cultura de la pobreza: liturgia oral, predicación narrativa, emocionalismo desinhibido, participación máxima en la oración y en la toma de decisiones, sueños y visiones, curación por la fe, y una búsqueda intensa de comunidad y pertenencia. Los evangélicos que en el pasado han puesto tanto énfasis en la dimensión intelectual de la fe, en la expresión correcta de la verdad bíblica y la racionalidad de la fe cristiana, necesitan ser sensibles frente a estas nuevas expresiones de fe, este cristianismo popular.

El cristianismo se ha ido hacia el sur

Una observación sistemática de la realidad de la iglesia global nos ha hecho tomar conciencia de la nueva proporción de fuerza espiritual y numérica en el mundo cristiano.[1] Al mirar el mapa religioso del mundo actual nos encontramos con un contraste marcado entre la situación al comienzo del siglo veinte y la situación actual al comienzo del siglo veintiuno. El misionólogo escocés Andrew Walls la describe como un 'cambio masivo del centro de gravedad del mundo cristiano, hacia el sur'. Para Walls la historia de la misión cristiana y de la iglesia es una secuencia de fases, en cada una de las cuales la fe cristiana se encarna en una vasta área cultural para luego desplazarse más allá de dicha área por medio de un movimiento misionero transcultural, de manera que cuando aquella cultura declina la fe cristiana sigue floreciendo, ahora en otro ámbito. Walls nos recuerda que en nuestro tiempo continúa la recesión o declinación del cristianismo entre los pueblos europeos, 'y sin embargo parece que nos encontramos en el umbral de una nueva era del cristianismo, en la cual su base principal estará en los continentes del hemisferio sur, y sus expresiones dominantes serán filtradas por medio de la cultura de esos países. Una vez más el cristianismo habrá sido preservado para el mundo gracias a su difusión transcultural'[2].

La nueva situación ha sido descrita entusiastamente como 'el advenimiento de la Tercera Iglesia', expresión usada por Walbert Bühlman, un misionólogo católico suizo que fue misionero en África. Bühlman señala que en los primeros mil años de historia de la iglesia el factor preponderante fue la iglesia oriental, que hoy llamamos ortodoxa, la cual había crecido en la parte oriental del imperio romano, es decir el Medio Oriente y este de Europa. En el segundo milenio de nuestra era, la iglesia dominante fue la occidental que se había impuesto en la otra mitad del imperio, lo que hoy es Europa. Quienes saben algo de historia de la teología se dan cuenta hasta qué punto los temas, el lenguaje y las categorías teológicas reflejan esa situación histórica. Bühlman afirma entonces: 'Ahora el tercer milenio evidentemente estará bajo el liderazgo de la Tercera Iglesia del Sur. Estoy convencido que los impulsos e inspiraciones más importantes para toda la iglesia en el futuro vendrán de la Tercera Iglesia.'[3]

Mi experiencia y observación me han permitido conocer ejemplos que ilustran lo que voy diciendo sobre el impulso y la inspiración que viene de las iglesias del mundo pobre y mayoritario en el sur. Samuel Cueva y su familia fueron enviados por su iglesia evangélica en las alturas de la sierra central del Perú como misioneros a España. Cuando los vi en Barcelona vivían en un edificio de apartamentos en el cual Samuel trabajaba como portero para poder sobrevivir. Samuel creía que las iglesias evangélicas de España podían ser una fuente de nuevos esfuerzos misioneros no solo hacia América Latina sino también hacia el mundo árabe. Cuando me hablaba con pasión yo podía ver en sus ojos el mismo brillo que había visto años atrás en los ojos de su padre, don Juan Cueva. Don Juan era un próspero hombre de negocios que recorría el interior del Perú vendiendo equipo médico para consultorios. Sus viajes de negocios eran al mismo tiempo giras de evangelización para plantar iglesias. Samuel podría también haber sido un próspero comerciante, como otros miembros de su familia, pero su pasión por Cristo lo ha convertido en un promotor de misiones con visión empresarial.

Durante el siglo veinte la palabra 'misionero' se reservaba en el Perú, como en otros países, para ciudadanos británicos o estadounidenses, rubios y de ojos azules que habían cruzado el océano para llevar el evangelio a la misteriosa tierra de los incas, al 'lejano oriente' o al corazón del África. Hoy en día hay un número creciente de mestizos latinoamericanos de ojos negros y piel cobriza que son enviados como misioneros tanto a las vastas altiplanicies y selvas del Perú como a países de Europa, África y Asia. Una entrega apasionada a Cristo sigue siendo la fuerza motriz que impulsa esta misión, pero la composición de las comunidades misioneras ha cambiado significativamente y con ello han venido también cambios de actitudes, métodos y por supuesto formas de sostenimiento financiero a la misión.

Por varios años tuve el privilegio de ser miembro de la junta de un conocido centro de intercambio y formación misionera en New Haven, Estados Unidos, el Overseas Mission Study Center. Originalmente se había formado como un lugar de descanso y recreación para misioneros norteamericanos que regresaban a su patria desde su campo de trabajo. Durante las últimas décadas del siglo veinte esta organización tuvo que adaptar sus programas y políticas porque los misioneros que acuden a descansar o a tomar cursos de educación continuada son ahora coreanos que hacen obra médica en Nigeria o plantan iglesias en la Amazonía, japoneses que trabajan en educación teológica en Indonesia, o filipinos que trabajan en desarrollo económico en Bangla Desh. Durante los eventos que se realizan en este centro, uno puede sentarse a la mesa y escuchar conversaciones que reflejan entusiasmo por lo que Dios está haciendo alrededor del mundo; junto a una actitud humilde, se palpa también un sentido de que estas personas se consideran privilegiadas de tomar parte en el drama de la acción salvadora de Dios que se está desplegando. Usando una figura del lenguaje teatral, se puede decir que aunque el libreto sigue siendo el vocabulario del evangelista Mateo o el apóstol Pablo, hay nuevos actores y actrices en el drama. Codo a codo con los norteamericanos y las europeas se encuentra uno a las asiáticas, los africanos y las latinoamericanas, con sus peculiares rasgos de carácter y hábitos gastronómicos. Como mi amigo peruano Samuel Cueva, estos nuevos misioneros han dedicado todo su tiempo y sus vidas al servicio con alguna organización misionera cristiana, atravesando barreras culturales y lingüísticas.

Migración como misión

Hay otra fuerza misionera que está en acción hoy en día aunque no aparece en las listas de misioneros de las organizaciones especializadas ni en las estadísticas. Se trata de un fenómeno que se observa también en las páginas del Nuevo Testamento: el testimonio transcultural para Cristo que llevan consigo las personas que se trasladan de un lado a otro como migrantes o refugiados. Pensemos por ejemplo en las miles de mujeres filipinas que trabajan como empleadas domésticas en los ricos países árabes productores de petróleo, donde no se permite la entrada a misioneros norteamericanos o europeos. He tenido oportunidad de conversar con algunas de ellas y saber que en medio de sus tareas diarias cantan himnos cristianos y les cuentan historias de la Biblia a los niños a quienes cuidan. Como en los tiempos bíblicos estas mujeres se ven a sí mismas como testigos de Cristo en tierra extraña. Son misioneras 'desde abajo' que no tienen el poder, el prestigio o el dinero propios de ciudadanos de una nación rica y desarrollada, y que tampoco forman parte de una organización misionera. En muchos sentidos son vulnerables; pero han aprendido el arte de la supervivencia, apoyadas por su fe en Jesucristo y la seguridad de que Dios está con ellas y las va a usar, pese a las circunstancias adversas en las cuales tienen que ganarse la vida.

No se trata de que los recursos humanos y materiales para la misión se hayan evaporado en Europa y Norteamérica. Pero aunque la empresa misionera es todavía fuerte, especialmente en Estados Unidos, muchas de las antiguas organizaciones misioneras tradicionales no encuentran como en el pasado un flujo continuo de voluntarios deseosos de capacitarse y ser enviados como misioneros. Por otra parte, movimientos juveniles como Juventud con Una Misión, Operación Movilización y el Comité Central Menonita, son capaces de movilizar jóvenes voluntarios para tareas y proyectos de corto plazo, y algunos de estos voluntarios entran después a un servicio misionero de largo plazo con otras agencias. Cada tres años en los Estados Unidos casi veinte mil estudiantes universitarios, deseosos de aprender sobre el desafío de la misión cristiana, se congregan durante cuatro días en la Convención Misionera de Urbana.

Es decir, si bien el cristianismo ha dado un giro hacia el sur, por así decirlo, en las próximas décadas la misión cristiana hacia diferentes partes del globo requerirá recursos tanto del Norte como del Sur a fin de poder llevarse a cabo. Michael Nazir Ali, un misionólogo pakistaní lo expresó bien en el título y el contenido de su libro *De todas partes hacia todas partes*, en el cual nos ofrece una visión global de la misión cristiana.

Cada vez resulta más evidente que los cristianos con visión misionera hoy en día tienen que trabajar juntos a fin de hacer realidad la propuesta del Pacto de Lausana: 'Debe haber un libre intercambio de misioneros de todos los continentes a todos los continentes en un espíritu de servicio humilde' (párrafo 9).

Misión desde abajo

La inspiración y el impulso para avanzar y llevar el evangelio de Jesucristo hasta los confines de la tierra, cruzando toda clase de barreras culturales y geográficas, es la obra del Espíritu Santo. Hay un elemento de misterio cuando el dinamismo de la misión no proviene de los de arriba, del poder expansivo de una civilización superior, sino más bien de abajo, de los insignificantes; de aquellos que no tienen abundancia de recursos materiales, financieros o técnicos, pero que están abiertos a la guía del Espíritu. Muchas organizaciones misioneras occidentales comenzaron en los siglos diecinueve y veinte como esfuerzos humildes en insignificantes de algunos visionarios, antes de crecer y convertirse en organizaciones grandes y bien financiadas. No es mera coincidencia el hecho de que la forma de cristianismo que se ha desarrollado más en décadas recientes, especialmente entre las masas urbanas pobres, es aquella que destaca la presencia y el poder del Espíritu Santo: el movimiento pentecostal que empezó entre gente pobre y marginada. En palabras de uno de sus historiadores, el pentecostalismo fue 'la visión de los desheredados'[4]. Fue en 1927 que el estudioso Roland Allen acuñó la frase: 'la expansión espontánea de la Iglesia.' Hoy en día podemos comprobar que la increíble extensión del testimonio cristiano entre las masas de este planeta fue el resultado de tal expansión espontánea, especialmente en lugares como China, África y Latinoamérica. En muchos casos, esta expansión espontánea solo fue posible cuando los cristianos nativos de esos lugares se liberaron del sofocante control de las agencias misioneras extranjeras.

Otro aspecto de este nuevo escenario es que mientras varias culturas no–occidentales son muy receptivas al Evangelio de Jesucristo, paradójicamente es dentro de la cultura occidental donde encontramos menos receptividad. Lesslie Newbigin, un misionero y teólogo británico que fue misionero en India durante treinta años, regresó luego a su país para trabajar entre la clase obrera de una parroquia en Inglaterra, y llegó a la conclusión de que 'la cultura más difundida, poderosa y persuasiva entre las culturas de hoy... la moderna cultura Occidental... más que cualquier otra ofrece resistencia al evangelio'[5]. La prueba de la validez de este aserto se percibe viendo como declinan numéricamente las iglesias, y como pierden su capacidad de moldear la cultura y la sociedad, especialmente en Europa pero también en Canadá y Estados Unidos. Varias de las denominaciones protestantes más antiguas y respetables muestran decadencia y fatiga, con significativas pérdidas numéricas. Cabe preguntarse si estamos siendo confrontados aquí no solo con la resistencia de la cultura occidental, sino también con la impotencia de las iglesias occidentales, paralizadas por la pérdida de confianza en la validez del evangelio o por la pérdida de creatividad para cambiar las formas de vida de iglesia, tal como lo requieren los cambios culturales. Conozco casos de iglesias en ciudades europeas que todavía florecen porque el evangelio se predica de manera pertinente, en las cuales la comunidad creyente es una comunidad receptora, y las estructuras se han adecuado para responder al desafío urbano. En muchos casos las iglesias de las minorías étnicas de inmigrantes crecen vigorosamente aun dentro de denominaciones que declinan. Esto constituye un gran desafío para la cooperación en la misión.

Precisamente en el momento en que declina la influencia del cristianismo en Occidente, el nuevo orden global por así decirlo ha trasladado a millones de inmigrantes del Tercer Mundo hacia Norteamérica, Europa y Japón. Dentro de ese ambiente los cristianos de iglesias nuevas y antiguas son llamados a nuevas formas de cooperación para llevar a cabo la misión tanto en sus propias puertas como en el nivel global. Para las viejas denominaciones tradicionales, el asociarse con las nuevas iglesias de inmigrantes las va a obligar a hacer un auto-análisis. Esto no es fácil para iglesias evangélicas respetables de clase media con su vida ordenada, institucionalizada y de buenas maneras. La 'misión a la puerta' es el nuevo campo de capacitación para las nuevas formas de cooperación misionera en el resto del mundo.

Cambios en la práctica y teoría de la misión

En el siglo veintiuno la misión cristiana ha venido a ser verdaderamente internacional, y a fin de comprender este fenómeno necesitamos un cambio de paradigma en nuestra manera de estudiarlo, que corresponde al cambio en las prácticas misioneras. Indios, brasileños, coreanos o filipinos que se embarcan en la misión hoy en día traen una nueva serie de preguntas sobre lo que es la misión, la forma de sostenerla, los métodos que han de usarse, el estilo de vida de los misioneros y los campos de misión a los que han de dirigirse. La conciencia de que es urgente cuestionar la presencia y el estilo de los misioneros ha motivado el pensamiento más creativo en las décadas recientes. Para aquellos cuya reflexión misionológica empieza por la aceptación de la autoridad de la Palabra de Dios, la situación misionera contemporánea requiere una comprensión de la Biblia que tome muy en serio su contexto cultural. La nueva dimensión global del cristianismo ha traído una nueva sensibilidad al hecho de que el texto de la Escritura solo puede ser comprendido adecuadamente dentro de su propio contexto y que la comprensión y aplicación de su mensaje eterno demanda clara conciencia de nuestro propio contexto cultural actual. Es tiempo para un cambio de paradigma, y como bien lo decía el misionólogo sudafricano David Bosch 'nuestro punto de partida no debe ser la empresa misionera actual, a la cual buscamos justificar, sino el sentido bíblico de lo que significa ser enviado al mundo'[6]. Dentro de la realidad de una iglesia global es posible una nueva lectura de la Biblia gracias al trabajo compartido de cristianos de diferentes partes del mundo. La nueva perspectiva requiere una firme convicción sobre los imperativos misioneros que son parte de la estructura misma de nuestra fe, y al mismo tiempo un trabajo serio de investigación e interpretación bíblica. Eso es lo que debe ser por excelencia la misionología.

Una aproximación misionológica

Defino la Misionología como un enfoque *interdisciplinario* para comprender la acción misionera. Examina los hechos misioneros desde la perspectiva de las ciencias bíblicas, la teología, la historia y las ciencias sociales. Busca ser una *reflexión sistemática y crítica* pero tiene como punto de partida una postura positiva hacia la legitimidad de la tarea misionera cristiana como parte fundamental de la razón de ser de la iglesia. Un enfoque misionológico le da al observador un marco de referencia inclusivo que le permita mirar la realidad desde una óptica crítica. La misionología es una reflexión crítica de los cristianos comprometidos en la práctica misionera, a la luz de la Palabra de Dios. Y esto es lo que me propongo ofrecer en este libro.

Al respecto bien puede decirse que una porción significativa de los escritos del apóstol Pablo son de naturaleza misionológica. Pensemos, por ejemplo, en y la manera en la que Pablo se refiere a su propia práctica misionera usando como punto de referencia lecturas del Antiguo Testamento así como la revelación viviente de Dios en Jesucristo por medio del Espíritu Santo. El Espíritu inspira los hechos misioneros de Jesús, Pablo y los apóstoles, lo mismo que su reflexión acerca de su práctica, y tanto esos hechos como esa reflexión son para nosotros autoritativos y normativos de una manera en la cual ninguna otra práctica o reflexión posapostólica lo es. Así pues, la teología y las ciencias bíblicas son puntos de referencia para el trabajo misionológico.

En segundo lugar la historia también es indispensable, y hemos de agregar de inmediato que aquí comprendemos por 'historia' más que los diarios personales o las colecciones de cartas de oración de los misioneros. Para establecer con claridad y verdad los hechos relativos a la misión se hace necesario el trabajo crítico del historiador profesional que evalúa y compara fuentes y que las interpreta críticamente. Los misioneros en el pasado trataron de seguir el impulso del Espíritu en obediencia a la Palabra de Dios, dentro de su propio contexto cultural. De esa forma crearon 'modelos de obediencia misionera' que nos pueden ofrecer valiosas indicaciones para nuestra propia obediencia misionera hoy y mañana.[7]

Tercero, en los años más recientes nos hemos beneficiado también de la observación crítica y sistemática de los hechos misioneros desde la perspectiva de las ciencias sociales. Un trabajo valioso en este campo se debe a algunos antropólogos y antropólogas de Estados Unidos y el Canadá que también tuvieron experiencia misionera, y que usaron su enfoque académico para evaluar la obra misionera y sugerir nuevas líneas metodológicas.[8] Me atrevo a decir que inclusive el trabajo de científicos sociales que son hostiles a la misión puede servirnos de ayuda en la reflexión autocrítica. La historia y las ciencias sociales son también útiles para comprender mejor la Palabra de Dios y la acción misionera contemporánea, pero solo la Palabra es inspirada y siempre fértil para la renovación de la iglesia en misión.

Hacia una misionología evangélica

Durante el último cuarto del siglo veinte, los misionólogos evangélicos se embarcaron en un esfuerzo concertado para reflexionar sobre el enorme caudal de experiencia acumulada por la acción misionera evangélica. El movimiento de Lausana que se desarrolló a partir de 1974 fue la plataforma en la cual se dio esta reflexión. La evaluación honesta de la actividad misionera a la luz de la Palabra de Dios, la verdad teológica y los nuevos desafíos llevaron a visualizar nuevos modelos de obediencia misionera. La ampliación y profundización de la agenda misionológica tiene que darse ahora frente a las realidades de una iglesia global alrededor del mundo. Un grado mínimo de conciencia histórica es indispensable para comprender las nuevas perspectivas misionológicas.

En el siglo veinte hubo dos ciclos de actividad misionera protestante. Uno tiene raíces en el siglo diecinueve y se mantuvo vigente con fuerza hasta la segunda guerra mundial que terminó en 1945. Representaba la obra misionera oficial de las grandes denominaciones protestantes tanto en la práctica como en la reflexión teológica al respecto. Ese período estuvo marcado por una actividad significativa de juntas misioneras de las iglesias europeas y norteamericanas, y por los debates teológicos acerca de la naturaleza de la misión cristiana y la identidad de las nuevas iglesias que iban surgiendo en Asia, África y América Latina. Durante este período el pensamiento misionológico se desarrolló dentro del contexto de organizaciones protestantes, especialmente el Consejo Misionero Internacional. Con esta organización estuvieron relacionados algunos de los gigantes de la actividad y reflexión misionera de ese período, tales como Robert Speer, John R. Mott, Hendrik Kraemer, Juan A. Mackay y Lesslie Newbigin.[9]

Al lado de las juntas misioneras denominacionales estaban las llamadas 'misiones de fe', es decir misiones independientes del control denominacional y sostenidas por los aportes voluntarios de miembros de todo tipo de iglesia protestante. La famosa China Inland Mission (Misión al Interior de la China), fundada en Gran Bretaña por Hudson Taylor en 1865 tenía el propósito de evangelizar en zonas que las misiones más antiguas había dejado olvidadas, con una metodología más flexible y una teología más conservadora. Hoy se conoce a esta misión como Overseas Missionary Fellowship (Compañerismo de Misiones de Ultramar), la cual ha tenido mucha influencia en los conceptos y prácticas de otras misiones independientes. A menudo estos grupos prestaron poca atención a la reflexión teológica o misionológica, especialmente cuando la teología liberal resultó muy influyente en el protestantismo histórico tradicional.

Nuevas tendencias en la misión

Una de las consecuencias de la segunda guerra mundial fue que los Estados Unidos llegaron a ser un poder mundial dominante. Después de la guerra hubo una declinación de la actividad misionera del protestantismo tradicional y una significativa expansión de la actividad e influencia de agencias protestantes conservadoras, especialmente desde los Estados Unidos, y en menor escala desde Canadá, Australia y Nueva Zelanda. Hubo también un crecimiento explosivo de antiguas y nuevas misiones independientes y de agencias para-eclesiásticas de Europa y Norteamérica. En esa época surgieron organizaciones de alcance global como las Sociedades Bíblicas Unidas que se agruparon en 1946, la Comunidad Internacional de Estudiantes Evangélicos (CIEE) fundada en 1947, y la Alianza Evangélica Mundial fundada en 1951. Se desarrollaron en Estados Unidos nuevas agencias especializadas para la traducción de la Biblia, el transporte aéreo de misioneros, los medios de difusión masiva como la radio y posteriormente la televisión, los servicios de salud y la evangelización masiva. Los conceptos y metodologías misioneras de estas agencias reflejaban los valores culturales y la forma de ser de ese país y los difundían por todo el mundo. Otra tendencia que apareció después de la guerra fue el impacto creciente del evangelista Billy Graham en Norteamérica y Europa, lo cual reflejaba que esas regiones podían ser consideradas como campo de misión, en el cual millones de personas habían perdido todo contacto significativo con las iglesias establecidas.

Aunque Graham insistía en que él era evangelista y no teólogo, se dio cuenta que la teología era importante y en 1956 auspició el lanzamiento de la revista *Christianity Today*. Este era un periódico quincenal que combinaba el fervor misionero y evangelístico con la reflexión teológica seria, en un esfuerzo por conectar el empuje evangelístico de Billy Graham con la tarea erudita de destacados teólogos evangélicos. El avivamiento de la erudición evangélica en el mundo de habla inglesa superó las controversias del fundamentalismo. Provino de los vigorosos movimientos estudiantiles evangélicos asociados en la CIEE, pero no fue algo puramente académico sino que tuvo empuje misionero, gracias a la conexión con la vida misionera de esos movimientos. Mediante el uso intenso y extenso de los medios de comunicación, las instituciones teológicas y las conferencias misioneras, estas corrientes evangélicas llegaron a tener influencia no solo en los países que recibían misioneros, sino también en Norteamérica y Europa.

Una mirada a estas corrientes nos permite comprender el impacto a largo plazo que iba a tener el movimiento de Lausana, que fue la secuela del Congreso de Evangelización Mundial realizado en la ciudad suiza de Lausana, en 1974.

En busca de un nuevo modelo de misión

Un importante antecedente del Congreso de Lausana fue el Congreso de Evangelismo en Berlín, auspiciado por Billy Graham para conmemorar los primeros diez años del periódico *Christianity Today*. En ese congreso de Berlín el biblista y pastor John Stott abrió para los evangélicos una dimensión clave de la agenda bíblica: 'La misión a la manera de Cristo'[10]. En sus exposiciones bíblicas sobre 'La Gran Comisión' en los cuatro Evangelios, Stott nos llevó a centrar nuestra atención ya no en el pasaje clásico de la Gran Comisión en Mateo 28.18–20, sino en el casi olvidado texto de Juan 20.21: 'Como el Padre me envió a mí, así yo los envío a ustedes'. Aquí no solo tenemos un mandato para la misión, sino también un modelo de estilo misionero, en obediencia al designio de amor del Padre, moldeado por el ejemplo de Jesucristo, e impulsado por el poder del Espíritu Santo. En la cruz Jesucristo murió para nuestra salvación y también dejó un modelo para nuestra vida misionera. La misión requiere *ortodoxia*, es decir fidelidad a la integridad del mensaje, pero también requiere *ortopraxis*: una fidelidad al modelo en la manera de llevar a cabo la práctica misionera. Antes de cualquier búsqueda de métodos y herramientas para la comunicación verbal de un mensaje, es imperativo buscar un nuevo estilo de presencia misionera pertinente a este momento de la historia humana. Cuando miramos la Gran Comisión dentro del contexto de todo el evangelio el modelo de Jesús adquiere perfiles que nos obligan a revisar nuestros modelos actuales.[11]

La reflexión que siguió al Congreso de Berlín, y que con el tiempo se desarrollaría en Lausana, trajo a muchas personas de mi generación la convicción de que el activismo misionero evangélico corría el peligro de realizar la misión como una empresa puramente humana. Por ejemplo, algunas formas de la teoría llamada 'Iglecrecimiento' consideraban que la misión era una tarea de tipo gerencial-industrial que podía llevarse a cabo en un plazo determinado, utilizando tecnología apropiada y siguiendo las reglas de la gerencia por objetivos.[12] Ante extremos como ese era necesario regresar a la visión bíblica que concibe la misión como la iniciativa de Dios, que brota del amor de Dios por su creación, y de su designio de escoger instrumentos que él usa para la salvación y bendición de toda la humanidad. Cuando a la luz de estos imperativos bíblicos revisamos algunas de las formas tradicionales de hacer misión nos dimos cuenta hasta qué grado dichas formas habían llegado a ser una simple empresa humana y estaban en peligro de ser nada más que el aspecto religioso de la expansión de una cultura y un imperio.

Como resultado de una consideración cuidadosa de la versión de la Gran Comisión en Juan, del estilo con el cual Jesucristo mismo llevó a cabo su misión, vino un cambio de actitud y mentalidad. Esto significa abandonar la mentalidad misionera imperialista. La práctica misionera de la época imperial llevaba a cabo la misión desde una postura de superioridad política, militar, financiera y tecnológica. En el siglo dieciséis tenemos el modelo más acabado de misión imperialista, en la conquista espiritual de las Américas por la Iglesia Católica, con su símbolo 'la espada y la cruz'. En el caso de las misiones protestantes del siglo diecinueve el símbolo fue 'comercio y cristianismo'. En nuestra época ha sido 'información, tecnología y evangelio'. En el paradigma misionero imperial el cristianismo resulta así dependiente del impulso y el auspicio de otro elemento poderoso asociado a él.

El cambio de paradigma que se requiere es algo que aun está en proceso de desarrollarse en el ámbito de la empresa misionera evangélica. La evangelización y la implantación de iglesias en áreas críticas tales como los países islámicos, Europa oriental, o el Asia central va a requerir una verdadera internacionalización de la misión para la cual se requiere un cambio de mentalidad. El cambio radical hacia el cual nos llama la Palabra de Dios es un cambio de mentalidad y de actitud. Sin ese cambio, la mera acumulación de recursos humanos y técnicos y la adopción de metodologías sofisticadas no funcionará.

Crítica desde los campos de misión

Entre los organizadores de los congresos mencionados de Berlín y Lausana hubo algunos que pensaban que esos eventos iban a ser la oportunidad maravillosa de enseñarles a las iglesias de todo el mundo las metodologías misioneras y evangelísticas que ellos habían desarrollado y patentado en Estados Unidos. Sin embargo, resultó evidente que los evangélicos de otras partes del mundo querían dedicarse a llevar a cabo la tarea de evangelización y misión con sentido de urgencia pero también con una reflexión crítica proveniente de un estudio serio de su contexto y del modelo de Jesús. En mi propio trabajo presentado en Lausana ofrecí un breve resumen de cómo muchos ponentes en los congresos regionales que siguieron a Berlín plantearon serios cuestionamientos acerca de la misión de la iglesia y la propia naturaleza del evangelio.[13]

Varias de las contribuciones de evangélicos del Tercer Mundo en Lausana expresaron una reflexión crítica sobre el activismo misionero evangélico que siguió a la segunda guerra mundial. No se trataba solamente de preguntas académicas sino que eran preguntas que surgían de la propia práctica de estos cristianos. Era una reflexión que comenzaba en una actitud de adoración a Dios y gratitud por el avance misionero a pesar de sus grandes imperfecciones, y en un compromiso para obedecer el mandato misionero de Jesucristo. Sin embargo era también una reflexión que examinaba algunas cuestiones difíciles tales como la necesidad de recuperar un concepto bíblico integral de la misión cristiana y diferenciar el evangelio de Jesucristo del modo de vida estadounidense.[14]

El avance misionológico después del Congreso de Lausana fue en muchos casos un esfuerzo evangélico internacional y multicultural de reflexión crítica sobre la misión. Escribí este libro acerca de la misión cristiana desde una perspectiva evangélica que procura incorporar las perspectivas que se han ido forjando a partir de una nueva lectura de la Biblia, en el ámbito de un diálogo evangélico global que toma en serio los hechos de la situación misionera contemporánea. Lo ofrezco en el espíritu del Pacto de Lausana que afirma: 'Nos sentimos profundamente conmovidos por lo que Dios está haciendo en nuestros días, impulsados al arrepentimiento por nuestros fracasos y desafiados por la tarea inconclusa de evangelización. Creemos que el evangelio es la buena nueva de Dios para todo el mundo y estamos decididos a obedecer, por su gracia, la comisión de Cristo de proclamarlo a toda la humanidad y a hacer discípulos de todas las naciones' (Pacto de Lausana, *Introducción*).

La misión cristiana hoy en día es una vasta empresa en la cual están embarcadas millones de personas. De acuerdo a uno de los especialistas en el registro de la actividad misionera, en la actualidad hay unos 420.000 misioneros cristianos activos en misión transcultural en todo el mundo, y lo que las iglesias recaudan para la misión llega a los veintiún mil millones de dólares.[1] Se entiende que una empresa de tan vastas dimensiones atraiga la atención y aun la observación minuciosa de historiadores, científicos sociales y estrategas políticos. Existe un vasto caudal de literatura sobre el tema, desde explicaciones sociológicas acerca de por qué los pobres en el mundo urbano se hacen creyentes en Cristo hasta estudios de mercado de agencias misioneras sobre la mejor manera de 'vender la iglesia'.

Así pues, hay un lado humano de la misión cristiana que se presta a la cuantificación, al análisis y a la explicación científica. Por otra parte, los misioneros cristianos suelen insistir en que su misión es una empresa divina y que su compromiso con ella no se puede explicar ni entender por factores exclusivamente humanos. Ven su propia acción misionera como una empresa de fe, una respuesta a lo que Dios ha revelado acerca de sí mismo y lo que ha hecho por ellos y ellas, una entrega consistente con la verdad cristiana y basada en las promesas de Dios que ha llamado a su pueblo para que sean una bendición a todos los pueblos de la tierra.

El apóstol Pablo fue el fundador de la misión cristiana transcultural, y quizás la persona que ha tenido más influencia sobre su desarrollo posterior a lo largo de los siglos. En su segunda carta a los corintios usa una metáfora que expresa la tensión y la paradoja de lo humano y lo divino en la misión cristiana. Escribe acerca del poder glorioso de Dios manifestado en la creación y cómo ese mismo poder está en acción cuando quiera que una persona llega a tener fe: 'Porque Dios, que ordenó que la luz resplandeciera en las tinieblas, hizo brillar su luz en nuestro corazón para que conociéramos la gloria de Dios que resplandece en el rostro de Cristo' (2 Corintios 4.6). Luego procede a describir la condición humana de los mensajeros del glorioso evangelio: 'Pero tenemos este tesoro en vasijas de barro para que se vea que tan sublime poder viene de Dios y no de nosotros' (2 Corintios 4.7).

'Vasijas de barro' es una imagen que nos lleva de vuelta a la enseñanza bíblica acerca de la condición humana, la naturaleza terrestre, la fragilidad y la impotencia de los misioneros en contraste con el poder glorioso de Dios. Las cartas de Pablo insisten en este punto, describiendo las condiciones en las cuales él mismo y sus colegas misioneros laboraron en aquellos primeros días de la misión cristiana.

Sus palabras comunican bien la paradójica situación en que se hallaban los misioneros: 'Nos vemos atribulados en todo, pero no abatidos; perplejos, pero no desesperados; perseguidos, pero no abandonados; derribados, pero no destruidos. Dondequiera que vamos, siempre llevamos en nuestro cuerpo la muerte de Jesús, para que también su vida se manifieste en nuestro cuerpo' (2 Corintios 4.8-9).

La evidente intención de este pasaje es recalcar la iniciativa de Dios en la misión cristiana, en contraste con la tendencia humana hacia el orgullo y el culto a la personalidad. Hoy en día urge que recobremos este sentido paulino de la misión, precisamente porque en nuestro tiempo los observadores desde fuera (tales como historiadores, científicos sociales y hasta escritores de ficción) han sometido la actividad misionera al escrutinio de sus herramientas de análisis crítico. Más aun, en el fragor de su activismo, y muchas veces sin quererlo, los misioneros y promotores de misiones tienden, ellos también, a olvidarse de que 'la misión es la misión de Dios o *missio Dei*' y no meramente una empresa humana. Podríamos engañarnos como inocentes idealistas si olvidamos la dimensión humana de la misión, pero también podemos perder la perspectiva y el sentido de dirección cuando olvidamos la dimensión divina de la misión. Algo que puede ayudarnos mucho a evitar el idealismo o a impedir que el cinismo nos paralice es tener una buena idea de la historia de las misiones.

¿Cómo se cuenta la historia?

En este capítulo me limito a ofrecer un breve bosquejo de la historia de las misiones. Cuando se cuenta una historia siempre se hace desde un cierto punto de vista, el cual influye sobre la selección de las partes de la historia que se decide incluir y los hechos que se toman como hitos o puntos decisivos. Al contar la historia de las misiones durante la última parte del siglo veinte se han dado esfuerzos destinados a corregir la perspectiva eurocéntrica predominante en el mundo académico occidental. Esta perspectiva se concentraba en el desarrollo de las estructuras e instituciones eclesiásticas, tomando lo que existía en Estados Unidos y Europa como la norma. La misión llegó entonces a verse como un esfuerzo por reproducir esas estructuras en el resto del mundo. Los historiadores revisionistas de la actualidad consideran que ha habido una 'pérdida de la memoria' respecto a importantes aspectos de la historia de las misiones, especialmente en lo referente a la iglesia primitiva. Hay un esfuerzo por recuperar esa memoria en beneficio de las nuevas generaciones de misioneros.[2]

Un valioso ejemplo de esta revisión histórica es el libro *La memoria del pueblo cristiano,* un estudio histórico acerca de los tres primeros siglos de la iglesia, desde una perspectiva misional. Su autor Eduardo Hoornaert es un ex–sacerdote católico que salió de Bélgica como misionero hacia el Brasil en 1958 y ha permanecido en ese país como teólogo y maestro. Se formó en Filología e Historia Antigua en la Universidad de Lovaina, y en Teología en la de Brujas. Su trabajo misionero se concentró en el nordeste brasileño, una región pobre y explosiva, y estuvo entre los pioneros de la llamada 'iglesia popular' y las Comunidades de Base. Su trabajo de investigación se ha dedicado en particular a la historia de la iglesia entre los negros y los indígenas del Brasil, desde lo que llama 'la perspectiva de los pobres y las clases marginales'. Sus preguntas surgen de la práctica misionera entre las Comunidades de Base. En varios puntos de su libro establece paralelos entre la vida de las comunidades cristianas entre los pobres del Brasil y la vida de la iglesia primitiva antes de Constantino, porque, como dice en su prólogo: "Existe realmente un paralelismo sorprendente entre la experiencia actual de las comunidades de base y las primeras comunidades cristianas. La gente de la base no se engaña cuando exclama con entusiasmo 'los primeros cristianos vivían así.'"[3]

Tal ha sido también mi experiencia personal. He tenido oportunidad de participar en cultos o reuniones de iglesias en lugares tan distantes como Harare en Zimbabwe, Manila en las Filipinas, la sección de habla hispana en la ciudad de Filadelfia en Estados Unidos, o una iglesia de habla quechua en el sur del Perú. Es realmente sorprendente la facilidad con que en estas iglesias los miembros pasan de su lectura o estudio de Hechos de los Apóstoles a su propio contexto. ¡Las condiciones son muy similares!

Para Hoornaert, la lectura de la historia con una nueva clave arroja luz sobre aspectos de la vida misionera de la iglesia primitiva. Redescubrimos la importancia del papel que jugaron los laicos, las mujeres, los niños y los ancianos, el lugar del dinero y la comunidad de bienes y la dimensión social de las controversias teológicas. Esta lectura provee nuevas perspectivas sobre la teología de las epístolas del Nuevo Testamento. Hoornaert sostiene que en epístolas como 1 Pedro o 2 Corintios las personas pobres y marginales son aquellas 'escogidas' por Dios para su propósito misionero. Esta perspectiva se plantea como un abierto contraste con la que primero formuló Eusebio de Cesarea, el historiador del cuarto siglo que había de tener tanta influencia sobre la manera en la cual los cristianos han escrito su historia.

Aunque el valor de la obra de Eusebio es innegable, Hoornaert cree que tiene el defecto de estar condicionada por una ideología de entusiasta aceptación de los privilegios otorgados a la iglesia por el emperador Constantino. Ello explica también que escoja a los obispos, la jerarquía, como los personajes más importantes de su historia. La conclusión es que la perspectiva de Eusebio representa 'al sector que se sintió tan entusiasmado por las nuevas relaciones políticas creadas bajo Constantino que las proyectó al nivel de plan divino, haciendo una teología imperial, o una teología de la historia totalmente nueva para aquella época'[4]. En cuanto a los personajes que escoge como representativos, 'Eusebio, por su esfuerzo historiográfico, consigue crear en la iglesia el espacio para un nuevo género literario cristiano que no problematiza la relación entre la memoria cristiana y la simple sucesión apostólica, en el sentido de sucesión de obispos en las iglesias locales'[5].

Mujer y misión

Hoornaert nos llama también la atención al papel importantísimo de las mujeres en los documentos de la iglesia primitiva. Así por ejemplo en los escritos de Lucas encontramos que el servicio a 'los más pequeños' fue practicado sobre todo por las mujeres cristianas, quienes continuaron cuidando del cuerpo, proveyendo alimentos, hogares y ropa (Lucas 8.1–3; 23.55–24.1), 'mientras que los hombres solo se hundían más y más en la lucha por el poder y el prestigio'. Las mujeres proveyeron mucho de la infraestructura de las primeras comunidades: hogares para reuniones (Hechos 12.12–16), alojamiento para profetas itinerantes (Hechos 16.12–14), ropa para viudas (Hechos 9.36–39); y también compartían en el liderazgo de las comunidades y profetizaban (Hechos 18.26–27; 21.9). Este papel clave que jugaron las mujeres ha continuado hasta el presente. Sin embargo, la memoria del papel de las mujeres en la misión se perdió en determinado momento.

Esta pérdida de memoria en la manera de contar la historia se debe a lo que la historiadora evangélica estadounidense Ruth Tucker considera la dominación masculina en la iglesia institucionalizada, con hábitos arraigados en cuanto a la autoridad y el poder, en los cuales no hay lugar para la mujer. Tucker escribió su libro *Guardianas de la gran comisión* precisamente porque su investigación histórica le demostró la participación masiva de las mujeres en la misión tanto al otro lado del mar como en su propio territorio. Sin embargo cuando estudió los manuales de historia misionera que se usaban preferentemente como textos en seminarios e institutos bíblicos del mundo evangélico de habla inglesa, se dio cuenta que las mujeres no aparecían en las páginas de esos manuales. 'Esto es verdad en los textos de historia de las misiones de Stephen Neill y Herbert J. Kane. Ninguno de estos dos autores menciona siquiera el movimiento femenil misionero… sin embargo el movimiento femenil misionero no solo auspició la obra misionera de miles de mujeres misioneras y promotoras de la Biblia, y construyó escuelas y hospitales, sino que también produjo algunas de las más grandes estrategas de la misión y misionólogas de fines del siglo diecinueve y comienzos del veinte.'[6]

Respecto a aquellas mujeres a cuyo estudió se dedicó, Tucker percibe que tenían una profunda conciencia de ser discriminadas y en algunos casos esas misioneras tuvieron que librar largas y arduas batallas por la justicia y liberación que están muy bien documentadas. También sostiene que las mujeres alcanzaron excelencia como autoras de literatura misionera que influyeron sobre gran número de lectores. Menciona a mujeres como Elizabeth Elliot, Amy Carmichael y Mildred Cable. Hay una conclusión de Tucker que es de especial valor para los historiadores: 'Muchos de los libros más perspicaces y honestos en cuanto a las realidades de la obra misionera han sido escritos por mujeres … Sin la perspectiva femenina la literatura misionera sería terriblemente deficiente. Los conflictos y pruebas de la vida familiar y las luchas espirituales interiores con frecuencia son tratados con más profundidad por las mujeres, y frecuentemente ellas están más dispuestas que los varones a admitir sus propios conflictos.'[7]

Concluyamos esta breve referencia metodológica recordando que hay que evitar dos extremos al presentar la historia de las misiones. Uno es el de presentar las vidas de los misioneros y su trabajo como si hubieran sido héroes y heroínas angelicales, sin referencia a sus debilidades humanas. El otro extremo sería el tipo de enfoque crítico que generalmente siguen los historiadores o científicos sociales modernos, quienes por no tener convicciones cristianas parten de una actitud muchas veces hostil en su tarea de interpretación de las fuentes misioneras.

Es posible un tercer enfoque en el cual tomamos en cuenta las realidades históricas y comprendemos tanto la pasión y entrega a Cristo de los misioneros como también sus limitaciones y defectos. Hay que tomar en cuenta los duros hechos de la realidad social, política y económica que rodean a la empresa misionera. Partiendo de una percepción lúcida y clara de la realidad se desarrollará una historia más pertinente para las generaciones futuras de misioneros. Cuando leemos el Evangelio de Lucas y el libro de Hechos vemos un modelo de cómo se escribe historia misionera. Aunque escritos desde dentro de la comunidad de fe, estos libros no tratan el material histórico en forma ingenua. Lucas capta con claridad el contexto histórico y social y sus descripciones de la vida y las relaciones humanas son realistas y fascinantes, por ello constituyen un ejemplo de escrito histórico maduro.

Veinte siglos de avance misionero

En este nuevo siglo veintiuno tenemos el privilegio de poder contemplar, con la perspectiva que da el tiempo y la distancia, el panorama de veinte siglos de historia misionera: El historiador Kenneth Scott Latourette es el autor de una obra en siete tomos que se titula *Historia de la expansión del cristianismo*.[8] En 1948 este autor escribía: 'Ningún hecho de la historia es más fascinante que la expansión de la influencia de Jesús'. Para Latourette, en la expansión de la fe cristiana hay un principio histórico en el cual intervienen varios factores. Veía un proceso en el cual se daban sucesivamente avances y retrocesos: 'De la persona de Jesús y a través del cristianismo se han generado impulsos que han ayudado a forjar cada fase de la civilización. Con el paso de los años su influencia ha aumentado, y nunca ha sido tan poderosa como en el siglo y cuarto más reciente. Su curso ha sido como el de una marea creciente. Como la marea se ha movido en olas sucesivas. A cada gran ola le ha sucedido una recesión, pero con cada ola de crecimiento se ha dado una marea más alta, de modo que la recesión siguiente ha sido menos pronunciada que la precedente'[9].

Este proceso de flujo y reflujo, avance y retroceso, llevó a que Latourette organizase su historia de las misiones en ocho fases. El avance inicial hasta el año 500 fue seguido por la primera y más prolongada recesión (500–950), la segunda gran era de avance (950–1350) fue seguida de la segunda recesión (1350–1500), seguida luego de una tercera gran era de avance (1500–1750) y una tercera recesión (1750–1815), mientras que la cuarta gran era de avance (1815–1914) terminaba poco antes de que Latourette escribiera. En cierto modo esta referencia a flujo y reflujo, avance y retroceso, atempera la visión de este historiador que no es triunfalista, porque viene de una perspectiva de fe a la cual se une su conocimiento profundo de los hechos.

La segunda mitad del siglo veinte fue marcada por la emergencia del Tercer Mundo, la revuelta de las nuevas naciones independientes contra el colonialismo de Europa y Estados Unidos, y las tensiones de la guerra fría. Sin embargo, ese período que va de 1945 a 1989 puede ser descrito como un tiempo de activismo misionero intenso. Hacia 1970, el estudioso estadounidense Ralph Winter, comentarista entusiasta de Latourette, describía los 25 años transcurridos desde 1945 como 'Los veinticinco años increíbles'[10]. Su optimismo se basaba en cifras de actividad misionera y estudios populares sobre crecimiento numérico que empezaron a tener mucha influencia sobre las organizaciones misioneras evangélicas estadounidenses y sus dirigentes. Si consideramos hechos como la secularización de Europa y la paganización de Norteamérica, o la falta de profundidad en algunas de las iglesias más jóvenes, todavía está por debatirse si en estos años iniciales del siglo veintiuno estamos en un período de avance o recesión. El análisis de las cifras existentes nos lleva a una conclusión inquietante, 'el porcentaje total de aquellos que se dicen cristianos en el mundo hoy en día es el mismo del año 1900, es decir 34%'[11]. No podemos pasar por alto el crecimiento notable de la iglesia en África y partes de Asia, y del protestantismo en América Latina, así como la nueva vitalidad cristiana en Europa Oriental. Sin embargo, el análisis de los diecinueve siglos anteriores que debemos a Latourette nos provee claves para una perspectiva más sobria y realista, con discernimiento para evaluar el crecimiento numérico.

El misionólogo Andrew Walls, continuador del pensamiento de Latourette, dice que 'la historia del cristianismo no ha sido una historia de progreso constante, ni mucho menos de triunfo irresistible'. Dicho en otras palabras, 'La historia cristiana es serial. Su centro se va moviendo de lugar en lugar. Ninguna iglesia, lugar o cultura lo posee por completo. En diferentes épocas, diferentes pueblos y lugares han llegado a ser su centro de expansión y sus representantes destacados. Luego la posta ha pasado a otros'[12].

Walls organiza su panorama de la historia misionera en seis etapas. La clave interpretativa que usa es la relación entre la vida de la iglesia, la cultura y la misión.

Ve en acción dos principios. Por una parte el principio 'indigenizante' por el cual la fe cristiana arraiga en una cultura particular hasta el punto de que a veces llega a identificarse con ella, perdiendo algunos de sus elementos distintivos. Por otra parte el principio 'peregrinante' por medio del cual un impulso misionero lleva la fe a otras culturas y en cierto modo preserva la fe por medio de la acción misionera. En el bosquejo que aquí ofrecemos usamos principios tomados de Latourette y de Walls.

Una iglesia judía en misión

Los seguidores iniciales de Jesús eran judíos. Si olvidamos ese hecho no podemos comprender mucho del Nuevo Testamento. La iglesia de Jerusalén después de Pentecostés fue básicamente una iglesia judía, una de las muchas sectas dentro del judaísmo. La vida diaria de estos discípulos se guiaba por los patrones culturales predominantemente judíos, y cuando se organizaron por primera vez para comunicar el evangelio eran una banda de profetas itinerantes, sanadores y maestros. Las instrucciones misioneras de Jesús a sus primeros enviados, tal como aparecen en Mateo 10.5–15 y Lucas 9.1–6; 10.1–12, solo tienen sentido dentro de las tradiciones de la nación judía.

Estos discípulos eran judíos pero eran un tipo particular de judío. Hay una frase cargada de significado que Lucas pone en labios del viejo Simeón cuando éste ve al niño Jesús y lo toma en sus brazos alabando a Dios: 'Porque han visto mis ojos tu salvación, que has preparado a la vista de todos los pueblos: luz que ilumina a las naciones y gloria de tu pueblo Israel' (Lucas 2.30–32). Las palabras de Simeón resumen bien la esperanza de Israel dentro de una visión misionera que tenía una bien preservada memoria del propósito de Dios al haber formado a esa nación. Quienes recibían y seguían a Jesús eran personas como Simeón, la vieja Ana, la joven María, Elizabet, Zacarías, los Doce, Esteban, a los cuales Lucas describe como devotos, justos y llenos del Espíritu Santo: judíos con un sentido de misión que reconocieron a Jesús como Mesías, el misionero de Dios para Israel y para el mundo.

Al considerar el 'judaísmo' de este momento inicial no debemos olvidar que Dios había estado obrando en el mundo, preparándolo para la venida de Cristo y la difusión misionera de su evangelio. En muchos casos las sinagogas de la diáspora judía que estaban esparcidas por todo el imperio romano iban a llegar a ser la base inicial de la evangelización de los gentiles. Encontramos en el libro de Hechos a muchos prosélitos del judaísmo tales como Cornelio y Lidia que habían sido atraídos por el mensaje del Antiguo Testamento y el estilo de vida de Israel. Ellos estuvieron entre los primeros que llegaron a ser discípulos de Jesús. Por otra parte el Nuevo Testamento cita muchas veces la Septuaginta, la Biblia judía traducida a la lengua griega, como un precioso instrumento que utilizaron los primeros misioneros cristianos al articular su fe y difundirla.

Entre los misioneros de esta primera generación hubo personajes tan diferentes como Pablo y Pedro. Ambos eran judíos fieles y piadosos pero culturalmente los separaba una diferencia abismal, y ello explica sus llamados y sus estilos misioneros tan diferentes. Pedro, el rudo pescador galileo sin educación formal, para quien comer con no-judíos era anatema. Pablo, el rabí educado, hombre de ciudad, nacido en la cosmopolita Tarso que era una encrucijada de comercio y cultura, orgulloso del privilegio de su ciudadanía romana. Lo que tenían en común era que en determinado momento de sus vidas oyeron el llamado de Cristo que los enviaba en una misión y llegaron a ser apóstoles obedientes.

Las muestras de sus sermones que tenemos en el libro de Hechos y en las epístolas que llevan sus nombres como autores están marcadas por una profunda entrega a Jesucristo como Salvador y Señor, la cual es central a su comprensión y exposición de la verdad del evangelio. Ambos tratan de las consecuencias del hecho de Cristo para su manera de percibir su fe judía. Pablo fue más explícito acerca de sus métodos misioneros y el apoyo financiero a su obra. Con él entramos en la próxima etapa de la historia de la misión.

La expansión misionera hacia el mundo grecorromano

Hay otro aspecto del Nuevo Testamento que solo podemos percibir si lo examinamos con las preguntas que vienen de la acción misionera. Las diferentes historias personales, el desarrollo de la enseñanza y doctrina, los conflictos entre los discípulos, los métodos misioneros, solo se pueden comprender teniendo en cuenta que el evangelio ha pasado a moverse desde una cultura hacia otra. Está pasando del mundo judío hacia el mundo forjado por el dominio imperial de Roma y la cultura de Grecia. Este es el comienzo de nuestra segunda etapa de historia misionera, un período formativo en el cual lo humano y lo divino interactúan en el desarrollo de formas de acción que van a tener influencia sobre la vida de las iglesias hasta el momento presente.

En la narración que ofrece Pablo de su propio llamado a la misión, recuerda de manera específica el hecho de que en su viaje de Jerusalén a Damasco oyó una voz que le hablaba *en su propia lengua aramea* (Hechos 26.14). La voz le decía que iba a ser enviado a proclamar el evangelio a los gentiles, a los no-hebreos (Hechos 26.17). La significación importante de este llamado específico es un asunto al cual Pablo retorna frecuentemente en sus escritos, porque algunos judíos aunque eran creyentes en Cristo no creían que el llamado de Pablo a evangelizar gentiles era parte de lo que Dios estaba haciendo en el mundo, en cumplimiento de su propósito salvador.

Durante este avance inicial del evangelio, el telón de fondo histórico y cultural es el imperio romano pero la acción la proveen los misioneros. El telón de fondo es necesario pero no es el factor determinante para la acción misionera. Algunos estudiosos del Nuevo Testamento dirían que Pablo y Lucas tuvieron una actitud positiva hacia el imperio romano y que la intención y el estilo de Lucas-Hechos, lo mismo que la enseñanza de Romanos 13, demuestran esta actitud. Un experto en la cultura clásica afirma: 'No se dice con frecuencia pero es un hecho que tal vez el mejor cuadro general de la *Pax Romana* y todo lo que ella significó —buenos caminos y posadas, buena policía, ausencia del bandolerismo y la piratería, libertad de movimientos, tolerancia y justicia— se encuentra en las experiencias escritas en griego por un judío que resulta que era ciudadano romano, es decir en Hechos de los Apóstoles.'[13] Sin embargo, lo que está muy claro en la narrativa de Hechos y en el texto de las epístolas es que en modo alguno, ni para los que participaban en esa historia ni para los lectores modernos, Pablo aparece como agente del imperio romano —él es un embajador de Jesucristo.

En esta etapa inicial el avance misionero de la iglesia contra toda clase de obstáculos fue increíble. Para el observador moderno, consciente de veinte siglos de historia misionera, el crecimiento de la iglesia en el primer siglo continúa siendo un enigma. Dios usó personas entregadas de todo corazón a Cristo, aun a riesgo del martirio, sensibles a la dirección del Espíritu Santo, y listas para usar todas las oportunidades disponibles para el avance del evangelio. La conversión a Cristo era una experiencia que incluía la *creencia* en el evangelio de Cristo, a quien se confesaba como Salvador y Señor por medio de su muerte expiatoria en la cruz y su resurrección; incluía también un cambio de *conducta* a fin de vivir una vida nueva digna del evangelio, y la *pertenencia* al cuerpo de Cristo, la nueva humanidad que Dios estaba creando en su iglesia.

La fe en Jesucristo tenía que vivirse e interpretarse en diálogo con el estrecho provincialismo judío y con la actividad filosófica de los sofisticados y escépticos griegos. Tenía que predicarse en conflicto con el culto romano a los principios supremos de ley, orden y poder y con la atractiva experiencia espiritual de las religiones de misterio. No era solo una tarea intelectual sino también una experiencia de resocialización y una lucha espiritual. El prólogo al cuarto Evangelio (Juan 1.1–18) o el discurso de Pablo en el Areópago de Atenas (Hechos 17.22–31) son ejemplos de la tarea pionera de la primera generación de misioneros transculturales al tomar en cuenta el desafío del pensamiento griego.

La evangelización de la mentalidad griega predominante en el imperio romano requería de los misioneros un adecuado dominio de la lengua griega y además la capacidad intelectual de adaptar categorías y formas de razonamiento griegos a fin de expresar con ellos la fe cristiana. Con el paso del tiempo se plantaron nuevas iglesias y se alcanzaron nuevas ciudades. Generaciones sucesivas de líderes como Ireneo, Tertuliano, Orígenes y Clemente de Alejandría vinieron a ser los apologistas que exponían el evangelio para las nuevas generaciones de creyentes. Su tarea literaria hizo de la fe cristiana una alternativa válida para las mentes jóvenes que buscaban sabiduría. Esta tarea intelectual complementaba el testimonio de la vida diaria de cristianos sencillos, y es importante recordar lo que escribió el historiador Justo L. González: "La mayor parte de la expansión del cristianismo en los siglos que anteceden a Constantino tuvo lugar, no gracias a la obra de personas dedicadas exclusivamente a esa tarea, sino gracias al testimonio constante de cientos y miles de comerciantes, de esclavos y de cristianos condenados al exilio que iban dando testimonio de Jesucristo dondequiera que la vida les llevaba, y que iban creando así nuevas comunidades en sitios donde los 'misioneros' profesionales no habían llegado aún." [14]

González considera a Gregorio del Ponto como un ejemplo típico de los misioneros de ese período. Gregorio y su hermano Atenedoro se convirtieron al cristianismo mientras estudiaban con Orígenes, cuya vasta erudición y dones intelectuales los habían atraído. Les enseñó lógica, física, geometría y astronomía, pero les desafió a avanzar más en su progresión, y a considerar la 'verdadera filosofía' que era la fe cristiana. Gregorio tenía una personalidad atractiva y evangelizaba siguiendo el método persuasivo por medio del cual él mismo había sido llevado a la fe. El cristianismo, para él, no era solo una filosofía especulativa sino la verdad que tenía que acompañar a la virtud. Cuando se mudó a la región del Ponto tuvo que ser pastor y maestro de gente muy sencilla para quienes la fe significaba ante todo un cambio moral y una nueva forma de vivir. En este aspecto Gregorio había sido aleccionado por su maestro Orígenes, quien según él recordaba 'nos incitaba mucho más a la práctica de la virtud, y nos estimulaba por sus acciones más que por las doctrinas que enseñaba'[15]. Su maestro Orígenes fue uno de los apologistas que también murió como mártir durante la persecución desatada por el emperador romano Decio.

La persecución imperial fue uno de los hechos que acompañó los primeros tres siglos del avance misionero de la iglesia. La religión romana proveía cohesión entre la población y una ideología que fomentaba la lealtad al imperio y servía como explicación de las acciones del emperador. En un momento determinado los emperadores empezaron a reclamar para sí un origen y naturaleza divinos. Cuando un número significativo de la población abrazaba la fe en Cristo como Señor, se convertía en un obstáculo para los designios imperiales y poco a poco los cristianos pasaron a ser considerados como enemigos públicos. La persecución imperial fue un esfuerzo por hacer desaparecer al cristianismo, pero en muchos casos la muerte de los cristianos como mártires atraía más personas a la fe.

La situación cambió cuando el emperador Constantino adoptó el cristianismo, lo cual dio entrada a una nueva era de aceptación social y aun de privilegio para los creyentes cristianos. Constantino promulgó el Edicto de Milán en el año 313 y de esta manera inauguró un período durante el cual la iglesia pasó a ser tolerada oficialmente, dentro de un marco de libertad religiosa. Más tarde se intensificó el apoyo imperial a la iglesia al punto de que en el año 381 el Edicto de Tesalónica estableció al cristianismo como religión del estado. Hay una afirmación en el texto de este edicto en el sentido de que el cristianismo es la verdadera religión.

El teólogo Gustavo Gutiérrez es autor de un voluminoso estudio acerca de la misionología de evangelización por la fuerza que practicaron los españoles en el siglo dieciséis en las Américas. Comentando el mencionado Edicto de Tesalónica Gutiérrez dice: "Pero esta defensa de la *verdadera* religión se hace en detrimento de la *libertad* religiosa: los que rechacen el cristianismo serán castigados por el poder civil. La unidad religiosa se restablece por la fuerza en el imperio. De 'tolerado' (Edicto de Milán) el cristianismo pasa rápidamente a ser 'religión de estado' (decreto de Tesalónica). Nace así el ideal de un Estado cristiano que tendrá influencia enorme en la historia de la iglesia hasta nuestros días."[16]

Desde la perspectiva misionológica, las consecuencias de este proceso a largo plazo iban a ir en detrimento del espíritu y la mentalidad de la misión en la forma en que Jesús la había practicado y enseñado. Gutiérrez nos recuerda que con el paso del tiempo, 'se justificarán una serie de medidas de fuerza no para imponer la fe, sino —se dirá— simplemente para favorecerla... Reprimir el mal, por ejemplo, ayudará, gracias al temor, a portarse bien'[17]. La nueva posición de la iglesia sirvió como trasfondo al desarrollo de una base teológica para explicar la evangelización mediante métodos violentos. Así se justificaba la conversión forzosa de musulmanes y judíos durante la Edad Media. También sirvió de base para el uso de la persecución, tortura y muerte como medios de combatir lo que la iglesia establecida consideraba herejías. Después de la bendición imperial a la iglesia hubo una ola masiva de conversiones, muchas de ellas superficiales, cuando no sencillamente falsas.

La nueva situación también dio lugar a que la política imperial de los emperadores cristianos tuviese influencia sobre la definición de los dogmas. Las tensiones entre Oriente y Occidente dentro del imperio romano fueron el trasfondo de las controversias teológicas del siglo cuarto. Así por ejemplo, los nestorianos de la Iglesia de Oriente realizaron un trabajo misionero vigoroso en Persia y China, pero poco sabemos acerca del mismo. Esto se debe al hecho de que la Iglesia de Occidente, que dominaba desde Roma, les puso a los nestorianos la etiqueta de herejes y los condenó. El comercio en la parte oriental del imperio romano, siguiendo sus rutas establecidas, ayudó grandemente a la expansión del cristianismo. Mercaderes cristianos de Siria y de Mesopotamia llevaban su fe a los lugares donde establecían colonias o puestos comerciales. Ellos fueron la presencia cristiana más antigua en la India, muchos siglos antes de que los jesuitas o Guillermo Carey fuesen a esa región. Hoy en día hay una iglesia influyente en la India que hace remontar sus orígenes a esa temprana actividad y que ha mantenido la lengua siríaca en su liturgia.

La evangelización de los bárbaros y la formación de Europa

Cuando observamos la misión cristiana en los siglos más recientes, ésta aparece como un movimiento que parte de Europa, que aparece como el centro desde el cual la fe cristiana se trasladó a las Américas, Asia y África. Durante el segundo milenio después de Cristo, la fe cristiana se definió y la teología se articuló en Europa. Los grandes pensadores y artistas que dejaron su marca en lo que hoy llamamos cultura occidental fueron mayormente europeos. Sin embargo, debemos recordar que la fe cristiana nació fuera de Europa y que hubo una vez una época en la cual Europa fue evangelizada por primera vez. De hecho, Europa se formó durante un proceso histórico en el cual la misión cristiana jugó un papel muy importante. Cuando damos una mirada a este proceso vemos también un cuadro de luces y sombras, de barro y gloria. Los evangélicos del llamado Tercer Mundo no deberíamos olvidar que esa historia ambigua es también nuestra propia historia, y debemos asumirla, no podemos deshacernos de ella. Si vamos a ser misioneros en los años venideros haremos bien en aprender las lecciones de ese proceso.

Para el tiempo en que los emperadores abrazaron a la iglesia cristiana, el mundo del imperio romano y la cultura griega había llegado a un estado de fatiga histórica y decadencia moral. Además el imperio se veía amenazado por las invasiones de los bárbaros desde el norte y el este. La iglesia usaba la cultura griega y las instituciones romanas para sus propios fines, y en consecuencia, con el correr del tiempo la iglesia se convirtió en guardiana de lo mejor de esa herencia política y cultural. Por otra parte, la decadencia moral, agravada por la entrada masiva de cristianos nominales a la iglesia, minó su vigor espiritual. Esto despertó en muchos cristianos un deseo de regresar a las cualidades morales y espirituales del cristianismo del Nuevo Testamento. Así se desarrolló una convicción de que dichas cualidades solo podían ser cultivadas renunciando al estilo de vida predominante en la sociedad. Esta inquietud e impaciencia espiritual con la vida secular fueron la semilla de la cual surgió el movimiento monástico: aparecieron los monjes.

Los monjes se consagraban a una vida separada de oración, contemplación y acción. También asumieron la tarea de ir a proclamar el evangelio en tierras distantes y la de evangelizar a los bárbaros que a manera de oleadas invadían el imperio en esos momentos. Así los monasterios llegaron a ser puestos avanzados de misión cristiana y depósitos de la cultura clásica. En muchos casos los misioneros asumieron una doble tarea: eran civilizadores que comunicaban los valores de la cultura clásica a las bandas de rudos invasores, y también evangelizadores que invitaban a los invasores a aceptar el mensaje radical de Jesucristo.

Los bárbaros llevaban una forma de vida tribal caracterizada por un fuerte sentido de identidad étnica y de lealtad a sus jefes o reyes, desarrollada a lo largo de constantes guerras de sobrevivencia o conquista. Con ellos aparece una forma de conversión colectiva al cristianismo. Si el jefe era atraído a la fe y se convencía de su valor, toda la tribu lo acompañaba en una decisión colectiva. Dice Latourette acerca de Clodoveo, rey de los francos que se bautizó el año 496: 'Aunque Clodoveo no empleó la fuerza para inducir a sus súbditos francos a conformarse a su ejemplo, su bautismo dio un impulso poderoso al de su nación.' Y a continuación nos ofrece otros ejemplos: 'Una y otra vez en Gran Bretaña la conversión de alguno de los reinos anglosajones siguió a la de su rey ... Más de un príncipe eslavo gestionó la conversión de sus súbditos. La conversión de los búlgaros se consiguió en gran parte debido a la iniciativa del rey Boris, y al liderazgo de su hijo Simón.'[18]

En muchos casos, la memoria histórica de estas naciones europeas se conecta con la experiencia de cristianización en sus mismos orígenes. Por ejemplo, la obra misionera de Cirilo y Metodio, dos monjes de Constantinopla, fue un elemento clave en la formación de Rusia como nación. De hecho, el alfabeto ruso se llama 'cirílico' porque es una adaptación del alfabeto griego a las lenguas eslavas, desarrollado nada menos que por el misionero Cirilo.

Conforme progresaba y se profundizaba la alianza constantiniana entre iglesia y estado, llegó el día en que se utilizó el poder militar para la conversión religiosa de los pueblos, porque su cristianización resultaba necesaria para la estrategia política de un emperador. Tomemos como ejemplo el caso de la conversión de los sajones en lo que hoy es Alemania. En el año 800, Carlomagno, rey de los Francos, llegó a ser emperador y se propuso revivir el imperio romano de Occidente. Para ese propósito, la cristianización de los sajones era necesaria a fin de pacificar la región. Desde el año 732 se habían tomado iniciativas enviando monjes con tal propósito. Estos misioneros eran parte de una empresa militar para someter a los sajones. Para el año 777 Westfalia fue dominada y dividida en pequeños territorios de misión que iban a ser evangelizados desde monasterios estratégicamente ubicados. Los derrotados fueron hechos prisioneros y se les obligó a bautizarse luego de un breve período de instrucción. Sin embargo hubo resistencia, y como comentan dos historiadores españoles: "Ante esta oposición y las constantes revueltas que reivindicaban el paganismo como 'elemento nacional', Carlomagno impuso el bautismo bajo pena de muerte."[19] Hacia el año 793 Carlomagno obligó a los grupos más rebeldes a alejarse en exilio, y así logró la plena dominación de Sajonia.

Esta fusión de motivos religiosos y militares fue central en el caso de las cruzadas, que habían de tener un impacto notable en la historia europea. Comenzando en el año 622 el islam se expandió a partir de su origen en la península arábiga y conquistó varios baluartes del cristianismo oriental tales como Siria y Egipto. Para el año 698 todo el norte de África había quedado conquistado, y en el 711 España fue invadida y la península ibérica conquistada. El avance musulmán hacia Europa solo pudo ser detenido en el año 732, en la batalla de Tours. El islam era una fe monoteísta que había tomado elementos del judaísmo y el cristianismo, y que tenía una clara vocación expansiva, misionera y conquistadora. Vastos territorios quedaron sometidos al control musulmán. Aunque en dichos territorios no hubo persecuciones contra los cristianos, se les requería pagar impuestos más altos, se les impedía construir edificios para el culto y se prohibía la conversión al cristianismo.

Las cruzadas tenían como propósito expreso el recuperar la Tierra Santa de manos de la dominación musulmana, pero tras ello intervenían muchos otros factores políticos y económicos. Los historiadores modernos coinciden en que las cruzadas fueron una primera etapa de la expansión de los pueblos del norte y occidente de Europa que más tarde los llevaría a todas partes del globo. Sin embargo, es importante tener en cuenta que durante estos siglos la conversión forzosa y las guerras no fueron el único método misionero. Como observa Latourette, 'No fueron solo factores indiferentes o antagónicos al espíritu de Jesús y su mensaje los que explican el avance del cristianismo en estos siglos. Desde dentro del cristianismo y, en última instancia inspirada por Jesús, se dio una vitalidad sin la cual la fe no habría persistido ni se hubiesen ganado nuevos convertidos'[20].

Un instrumento importante de la misión fueron las grandes órdenes misioneras que surgieron en Europa al mismo tiempo que ésta se estaba formando. Hasta hoy ellas siguen siendo el principal instrumento de la obra misionera de la Iglesia Católica Romana, y han tenido influencia sobre el concepto de muchas agencias misioneras. Las órdenes atraían a gente joven deseosa de luchar y encontrar maestros, abiertas a las aventuras y dispuestas a aceptar las disciplinas de una vida consagrada. Bandas de jóvenes se reunían alrededor de maestros académicos formando gremios de los cuales surgieron después los colegios y las universidades más antiguas. De la misma manera comunidades se reunían alrededor de maestros espirituales y formaban las grandes órdenes misioneras, como es el caso de los franciscanos y los dominicos. Estas órdenes se caracterizaban por su gran movilidad, y los monjes que viajaban grandes distancias continuamente llegaron a ser el nuevo foco de la actividad misionera. Venían de esta manera a reemplazar al monasterio, el lugar fijo que por cinco siglos había sido el corazón de la empresa misionera.

Franciscanos y dominicos, al igual que sus fundadores, fueron muy diferentes en su estilo y en la manera en que formulaban su llamado específico. Mientras Domingo de Guzmán quería consagrar su intelecto a la tarea de predicar y defender la fe, Francisco de Asís quería servir a los pobres e imitar el estilo de vida de Jesús. Sin embargo, como dice el historiador Stephen Neill, 'en cada una de [estas órdenes] palpitaba un genuino impulso misionero. Antes de que hubiese terminado el siglo trece nos vamos a encontrar con franciscanos en los confines de la tierra entonces conocida. Hacia el 1300 los dominicos formaron la *Societas Fratrum peregrinantium propter Christum inter gentes,* la compañía de hermanos peregrinantes que moran entre paganos por amor a Cristo'[21]. Dos siglos más tarde vendrían los jesuitas en cuyas filas encontramos también principalmente jóvenes universitarios convocados por la personalidad carismática de Ignacio de Loyola, y que habrían de ser los grandes misioneros en Asia y las Américas.

Aunque no llegó a ser fraile franciscano sino solo un terciario, es decir un laico consagrado, Ramón Llull (ca. 1232–1316) es considerado como un modelo de práctica y reflexión misionera. Conocido más por la versión castellana de su nombre, Raimundo Lulio, nació en la isla de Mallorca, fue un trovador exquisito que una vez convertido a Cristo volcó su creatividad en una obra escrita que incluye poesía, novela, filosofía y teología. Neill dice: 'Ramón Llull debe ser considerado como uno de los más grandes misioneros en la historia de la iglesia. Hubo otros poseídos también, como él, por un ardiente deseo de predicar el evangelio a los incrédulos, y si fuese necesario sufrir por ello; pero solo Llull fue el primero en desarrollar una teoría de las misiones —no meramente desear predicar el evangelio, sino construir cuidadosamente una metodología detallada para ese fin.'[22]

En los días de Llull quienes debían ser evangelizados eran los sarracenos, musulmanes que habitaban en Asia y África, y él concibió una metodología que podía resumirse en tres puntos: primero, un amplio conocimiento de la lengua árabe; segundo, la composición de un libro en el cual se demostrara de manera lógica la verdad de la religión cristiana; y tercero, la disposición a ser un testigo fiel y valiente entre los musulmanes, aun a costa de la propia vida. Esta metodología estaba en abierto contraste con la única forma en que la gente de su época concebía la manera de tratar a los musulmanes, la guerra santa o cruzada. Mediante numerosos viajes y gestiones Llull consiguió que con fines misioneros se crearan escuelas de lenguas orientales en Mallorca y París.[23]

Imperio y misión desde una Europa en expansión

El matrimonio constantiniano entre iglesia e imperio evolucionó de manera que con el tiempo la misión pasó a asociarse íntimamente con la empresa imperial de las naciones europeas. Esta alianza alcanzó su apogeo en el siglo dieciséis cuando España y Portugal llegaron a ser imperios globales por medio de la exploración y la conquista militar. Probablemente no ha habido otro momento en la historia en el cual la acción misionera y la imperial hayan estado tan estrechamente ligadas en la teoría y en la práctica como en la evangelización de las Américas. Algunos han llamado a la conquista ibérica de las Américas 'la última de las cruzadas'. Para la mayor parte de los europeos de aquellos días no cabían dudas acerca del derecho que tenía el Papa como cabeza de la iglesia de entregar a sus queridos hijos, los reyes de España y Portugal, el derecho de evangelizar el mundo que había sido 'descubierto' por Colón. Para ellos, conquistar en nombre de España, y así acrecentar el dominio del imperio español era sinónimo con ensanchar el reino de Dios.

La obra misionera desde España se realizó bajo un acuerdo llamado Real Patronato de Indias. Esto significaba el pleno control de la actividad misionera por los intereses del imperio. La religión era un instrumento en la transferencia del sistema social y económico de la península ibérica a los nuevos territorios, y la teología proveía una justificación racional del procedimiento. El documento llamado Requerimiento se leía a los indios antes de emprender la batalla contra ellos. El Requerimiento empezaba con una exposición teológica que se remontaba a la creación y seguía con Israel, Jesucristo, y luego el apóstol Pedro y su sucesor el Papa, quien había autorizado a los monarcas españoles a conquistar esos territorios a fin de evangelizarlos. Así pues, se 'requería' de los nativos que se sometiesen y aceptasen pacíficamente a los conquistadores, o que se atuviesen a la consecuencia de la conquista forzosa. En la Universidad de Salamanca, por entonces, había fervientes debates teológicos para decidir si los nativos de las Américas eran verdadera y plenamente humanos o si, por causa de su inferioridad, los españoles estaban en el derecho de dominarlos y regirlos. En ese debate el gran defensor de los indios fue Bartolomé de las Casas, quien vivió entre 1474 y 1566.

> Este sacerdote dominico combinó su práctica misionera en el territorio que es hoy México y Guatemala, con sus voluminosos escritos y sus debates académicos para demostrar la humanidad plena de los nativos, y la necesidad de una metodología misionera según el modelo de Jesucristo. Las Casas es representativo de misioneros de las diferentes órdenes que además de ocuparse en tareas de evangelización de los nativos, establecieron nuevas iglesias y ministraron a los conquistadores, pero que usaron también su educación y su influencia para asumir las tareas de defender a los nuevos cristianos de la explotación y opresión de la empresa colonial ibérica. Un historiador de Puerto Rico escribe: 'La evangelización que emprendieron los dominicos no iba dirigida a los bautismos masivos: estaban más interesados en la calidad que en la cantidad, y procuraban dar a los convertidos un sólido arraigo en la

nueva fe. Los métodos de esta primera comunidad se basaban en cuatro pilares: comprensión de las lenguas y la religión de los indios, enseñanza doctrinal en forma de historias más bien que de abstracciones teológicas, predicación frecuente de las Escrituras y el testimonio de la propia pobreza y vida de oración del misionero.' [24]

Ahora bien, el mismo historiador reconoce que 'el modelo de evangelización pacífica e inculturación propuesto por los dominicos y otras órdenes religiosas fue derrotado por el programa evangelizador de la corona que consistía en convertir a los indios en una cristiandad colonial'[25]. Los jesuitas desarrollaron la idea de las 'reducciones' como un esfuerzo por crear espacios en los cuales los indios pudieran vivir por cuenta propia, lejos de la explotación y el abuso de la empresa colonial. Por ello entraron en conflicto con otras órdenes y con el clero secular, que estaban mucho más interesados en bautizar el mayor número de indios lo más pronto posible, a fin de usarlos como trabajo esclavo e imponerles el pago de diezmos y primicias que eran parte del sistema religioso imperante. Esta tensión es el trasfondo de la película 'La misión', y del libro del mismo título en el cual está basada.[26]

Cuando llegamos al siglo diecinueve, el gran siglo de las misiones protestantes, se han dado importantes cambios. En ese punto el imperio británico es el telón de fondo de la empresa misionera. La alianza entre imperio y misión no es ya tan clara como en el siglo dieciséis.

Por lo general las misiones protestantes estuvieron menos conectadas con los intereses de sus gobiernos que las misiones católicas de los siglos anteriores. Esto se debió en parte a la influencia modernizante y secularizadora del protestantismo, y a la lenta pérdida de poder social y político de las iglesias en Europa. Hubo más tensiones entre misioneros e imperialistas. Cuando el famoso misionero británico Guillermo Carey (1761–1834) fue a la India, entonces bajo dominio imperial británico, las autoridades coloniales no le dieron la bienvenida, y tuvo que mudar su acción a un territorio que estaba bajo control danés. Sin embargo, como ha observado el teólogo y sociólogo francés Roger Mehl para el caso de África, durante el siglo diecinueve la expansión misionera fue también contemporánea con la expansión colonial, y la presencia imperial de Europa creó lo que él llama 'una circunstancia materialmente favorable' para la misión. 'El misionero aparecerá tras las huellas del colonizador comerciante o soldado,' escribe Mehl. 'Se aprovechará de los caminos abiertos por aquél y de las zonas de seguridad que crea. Se servirá de sus barcos y fundará puestos en la proximidad de los centros administrativos y comerciales. De este modo nacerá una solidaridad de hecho entre colonización y misión. Mas esta solidaridad no fue querida directamente por la misión. Y son innumerables los hechos que comprueban los conflictos surgidos entre la colonización y ésta.'[27]

La ambigüedad de esta relación entre misión e imperio es evidente cuando consideramos otros aspectos de la obra misionera en este período. El movimiento misionero, especialmente en el caso de Asia y África, contribuyó a crear una burguesía que ayudó en la administración del imperio. Las escuelas fundadas por los misioneros jugaron un papel importante en ese proceso. Asimismo, de esa clase media educada iba a salir el liderazgo de los varios movimientos nacionalistas cuyo papel fue crucial en la lucha por la independencia, especialmente durante el siglo veinte en Asia y África.

En el caso de América Latina la expansión imperial británica vino en el momento en que las colonias de España luchaban por su independencia, y la misión protestante era posible debido al espacio abierto por esa lucha.

Diego Thomson (1788–1854), pionero de la obra misionera y bíblica en América Latina, fue amigo de los líderes anticolonialistas como José de San Martín, Bernardo O'Higgins y Simón Bolívar, quienes dieron la bienvenida a su oferta educativa como una contribución a la naciente democracia y libertad. Algo semejante pasó en Corea durante el siglo veinte, cuando los Estados Unidos ayudaron a ese país en su liberación del colonialismo japonés, y los misioneros estadounidenses recibieron una bienvenida y fueron vistos como parte de una presencia liberadora.

La misión cristiana desde Estados Unidos

La obra misionera desde los Estados Unidos fue predominante durante una buen parte del siglo veinte. En este caso la cuestión de la relación entre imperio y misión toma un nuevo aspecto debido a la singular experiencia religiosa de ese país que no siempre es tenida en cuenta por los observadores de fuera. Los Estados Unidos son el primer país occidental que no tiene una iglesia establecida. Dentro de esta situación la presencia y vida de las iglesias depende de un alto grado de contribución económica y voluntariado de sus miembros y no del apoyo del estado. Este factor ha sido decisivo en la obra misionera estadounidense. Con la excepción de Puerto Rico y las Filipinas después de la guerra hispano-norteamericana de 1898, y de algún incidente en el caso de México, no se dio relación directa entre la presencia militar estadounidense y la misión cristiana. Pero las cosas no siempre se han percibido así en los países que reciben a esos misioneros. Como aclara Walls, 'las misiones estadounidenses tienen tendencia a pensar en sí mismas como apolíticas, ¿cómo podría ser de otra manera si el estado y la iglesia viven en esferas diferentes? Los no-estadounidenses ven continuas implicaciones políticas en las actividades misioneras ¿cómo podría ser de otra manera si la iglesia y el estado habitan dentro de la misma esfera o dentro de esferas interrelacionadas?'[28].

Muchas características de la obra misionera desde Norteamérica durante los siglos diecinueve y veinte pueden verse en funcionamiento en el Movimiento Estudiantil Voluntario para Misiones Extranjeras (svm por sus iniciales en inglés). Este movimiento contribuyó al crecimiento de la fuerza misionera estadounidense de 350 misioneros en 1890 a 4.000 en 1915. Cuando las misiones protestantes más antiguas se reunieron para una consulta mundial en Edimburgo (1910) el gran arquitecto de aquella reunión fue John R. Mott, un metodista estadounidense formado en el svm. El famoso lema 'La evangelización del mundo en esta generación' resumía el espíritu y la visión que Mott le había infundido a aquella reunión.

Generalmente se considera que el origen del svm se remonta a una escuela bíblica de verano dirigida por el evangelista Dwight L. Moody en la localidad de Monte Hermón en 1886. La historiadora Dana Robert destaca que esta visión global surgió de manera espontánea: 'La escuela de verano no empezó con un enfoque en las misiones al extranjero. El interés de Moody en las misiones se limitaba a su propio país y al avivamiento en el mundo urbano. Pero los testimonios y oraciones de unos pocos universitarios entusiastas de las misiones llevaron a una conflagración general que se extendió como el incendio de un bosque por toda Norteamérica, Gran Bretaña y la Europa protestante.'[29]

Este movimiento espontáneo entre los estudiantes de Norteamérica se había manifestado a lo largo del siglo diecinueve, comenzando en un culto de oración en el Williams College de Massachussets, en agosto de 1806. Cuatro estudiantes de ese culto de oración presentaron una petición a la Asamblea General de las Iglesias Congregacionales, el 27 de junio de 1810. Pedían que se formase una Junta de Comisionados para las misiones extranjeras. La petición se adoptó el 20 de junio de 1812. De esta forma la iniciativa estudiantil forzó la acción de toda la iglesia en más de una denominación. Esta explosión espontánea de preocupación misionera en la nueva generación no fue algo planificado y preparado en las oficinas centrales de alguna organización poderosa. El Espíritu de Dios se estaba moviendo entre el pueblo y obligando a la iglesia institucional a tomar nota de ese movimiento. Mi propio estudio del SVM y mi observación y experiencia de cuarenta años entre universitarios de todo el mundo, en la segunda mitad del siglo veinte, me han convencido de que en las mejores expresiones de estos movimientos es posible observar algunas notas distintivas. Son movimientos *espontáneos*, tienen un definido *carácter evangélico*, operan sobre la base de una *red de relaciones personales*, sus líderes muestran una increíble *capacidad organizativa* al servicio de una visión; y finalmente, los movimientos juegan un papel de *fermento para la renovación* de la iglesia.

El auge de las misiones desde Estados Unidos incorporó con vigor el uso de los recursos materiales y técnicos y también de las ciencias sociales al servicio de la comunicación del evangelio. Siendo los Estados Unidos una sociedad de masas, sus instituciones sociales y culturales buscan un efecto de tipo masivo. La evangelización masiva en grandes espacios abiertos no se originó en este país pero sí alcanzó un desarrollo extraordinario con la aparición de metodologías y técnicas eficaces. El uso de la radio y la televisión, por ejemplo, alcanzó un nivel de sofisticación técnica que no siempre ha ido de la mano con la sensibilidad cultural y el respeto por la naturaleza del mensaje que se comunica. Por el uso que las misiones han hecho de ellos, estos métodos se han exportado al resto del mundo. Así como fue necesario en el siglo dieciséis distinguir entre la conquista militar y la evangelización, hoy se hace necesario distinguir entre la comunicación masificada de un producto de mercado y la verdadera evangelización, a la manera de Jesús.

Hacia una misión global en múltiples direcciones

A fines del siglo veinte y comienzos del veintiuno, al expandirse el cristianismo por todo el mundo, las iglesias locales y los movimientos juveniles han seguido siendo la fuente de vocaciones misioneras. En mi propia experiencia limitada con la Comunidad Internacional de Estudiantes Evangélicos, he conocido a centenares de misioneros y misioneras cuyo llamamiento al servicio vino en el momento en que eran estudiantes en Canadá, Estados Unidos, Suiza, Alemania, Australia o Nueva Zelanda. En las décadas más recientes he visto surgir una generación de nuevos misioneros y misioneras transculturales desde las filas de los movimientos estudiantiles evangélicos en lugares tan diferentes como Argentina, Hong Kong, Nigeria, Filipinas, India, Corea, Brasil, Perú, México y Colombia. He conocido a universitarios en Malasia y Argentina que al graduarse buscaron trabajo en puestos remotos de su propio país a fin de evangelizar comunidades rurales y plantar nuevas iglesias. En capítulo aparte consideramos la emergencia de un movimiento misionero desde América Latina.

Un panorama de la historia de las misiones es un cuadro de luces y sombras. En veinte siglos la iglesia avanzó de ser una secta del judaísmo a ser una inmensa familia global de las clases más diversas de pueblos, culturas y lenguas, que confiesan a Jesucristo como Salvador y Señor. Hemos entrado ahora en la era que se describe como la de la globalización. Desde el siglo dieciséis, Europa y luego

Norteamérica fueron el centro occidental desde el cual el evangelio fue llevado a otras partes del mundo. Una lectura honesta de la historia muestra cuán adecuado resulta el dicho del apóstol Pablo que citábamos al comienzo de este capítulo. Este glorioso tesoro del evangelio ha sido llevado a todas partes en vasijas de barro. Continuará siendo así, porque el Espíritu Santo que mueve a la iglesia a ser misionera no espera hasta que aparezcan instrumentos celestiales perfectos. Ahora que las iglesias en el mundo occidental pierden poder social y político, y la cultura lleva la marca de lo posmoderno, surge una nueva oportunidad. La ha descrito muy bien Roger Mehl: '[las iglesias] se ven llamadas a volver a una situación más cercana a la de la iglesia primitiva que a la de la iglesia de la Edad Media: el *corpus Christi* deja de confundirse con el *corpus christianum*, la iglesia se diferencia socialmente del resto del cuerpo social. Dispone de la facilidad para recuperar su especificidad.'[30]

El desorden mundial | 3

Iquitos es una ciudad de frontera en la selva
oriental del Perú. He venido a enseñar un curso sobre la
misión cristiana a un grupo de pastores y predicadores de
iglesias evangélicas. Algunos de ellos han viajado dos días
en pequeños botes o canoas siguiendo el curso de los ríos
tributarios del Amazonas. Durante una pausa del horario
voy a una cabina de la Internet en la plaza principal para
ponerme al día con la correspondencia de amigos, colegas
y familiares. El encargado viste una camiseta de la Pepsi
Cola, y antes de entrar en mis mensajes Yahoo me ofrece
un programa de citas amorosas en caso de que me sienta
solitario. Hay un mensaje desde Bosnia donde mi hijo Alejandro está dando un curso sobre pequeñas empresas con
la Asociación Menonita de Desarrollo Económico (MEDA).
Me cuenta noticias de su curso y comparte datos recibidos
de Bolivia y el Canadá. También me re-envía un par de
preguntas de uno de sus colegas que está en este momento

en Uganda. Algunos principios básicos de los cursos que enseña Alejandro los aprendió de su supervisor Calvin Miller, cuando fue a trabajar como voluntario a Bolivia, donde luego regresaría de manera más permanente. Calvin creció en una granja de Ohio en los Estados Unidos donde se formó en la larga tradición de trabajo comunitario y ahorro de su familia menonita, cuya herencia cristina se cultivó en medio de la persecución y el exilio.[1] Por supuesto que Alejandro aprendió también sobre mercados globales y crédito rural en la universidad, y en la práctica durante siete años en Santa Cruz, Bolivia. Así que cuando leo su e-mail, por un momento me siento deslumbrado por la conciencia súbita de cómo mi hijo, yo, y todos estos otros personajes nos conectamos en el tiempo y el espacio por medio de esa red que es parte del proceso de globalización. Al considerar la misión cristiana en las próximas décadas no puedo escaparme de la globalización como el marco social y cultural que rodea mi propio trabajo. De manera que debo tratar de entender la globalización, cómo afecta a las misiones cristianas, y cómo prepararse mejor para funcionar dentro de ella.

La globalización

A partir de 1955 nuestra manera de mirar el mundo incluía la idea de tres mundos: el mundo capitalista occidental, el mundo comunista y el 'tercer mundo' de las naciones emergentes.[2] La mayoría de las personas que vivían en Europa Occidental o los Estados Unidos, consideraban que su mundo era *el mundo cristiano*. Esta perspectiva afectó la manera de concebir la misión cristiana, sus conceptos y prácticas. Conocí a más de un misionero católico o protestante que iba a América Latina para 'salvarla del comunismo'. Todavía en la década de 1980 el presidente de los Estados Unidos, Ronald Reagan, se refería a la Unión

Soviética con el término 'imperio del mal', frase que implicaba que los Estados Unidos eran el imperio del bien. Esta expresión ha vuelto a ser usada en sentido parecido por el presidente George Bush hijo en años más recientes. Con la caída catastrófica del imperio soviético en 1989, el concepto bipolar se ha vuelto inservible y hoy hay solo una nación como potencia mundial, los Estados Unidos. Varias alianzas regionales tales como la Unión Europea o la del Sudeste Asiático constituyen nuevos polos; y como dice Robert Schreiter: 'Políticamente el mundo se ha vuelto un lugar multipolar del cual nadie ha podido hasta hoy ofrecer un mapa adecuado.'[3]

Crece la conciencia de que el capitalismo y la economía de mercado dominan ahora en todas las naciones mediante un sofisticado sistema de comunicación que lleva los últimos artefactos, hábitos y valores de la cultura occidental como mercancía hacia los más remotos rincones de la tierra. Ni siquiera la China, el gigante masivo cuyo papel en el futuro del mundo es impredecible, o las naciones árabes que podrían convertirse en un bloque poderoso animado por la fe musulmana, escapan a esta avalancha comercial. 'Cada día es más evidente,' escribió Jacques Attali en 1991, 'que el principio organizador fundamental para el futuro será económico pase lo que pase en otros órdenes. Esto se hará cada vez más evidente al acercarnos al año 2000. El reinado del poderío militar que caracterizó a la guerra fría, está siendo reemplazado por el reinado del mercado'[4]. Como una ola irresistible, el mercado es la fuerza principal que está detrás del proceso de globalización. Incluso está llevando a crear una nueva terminología eclesiástica, de manera que algunos cristianos en Norteamérica se refieren al arte de 'mercadear la iglesia', es decir aplicar los principios del mercado a la propagación de la iglesia.

El misionólogo Howard Snyder resumía acertadamente esta tendencia: 'La integración global y el establecimiento de redes de contacto son ahora la fuerza impulsora de los negocios y la economía. El mundo se está convirtiendo en un gran mercado, y ha dejado de ser un mosaico de mercados locales. La integración económica a nivel mundial está dando forma a una nueva sociedad en un proceso que alcanzará al siglo veintiuno.'[5] La pregunta clave que nos toca hacer es cómo va a realizarse la misión cristiana en un mundo globalizado, ¿deberá la misión cristiana limitarse simplemente a cabalgar sobre esta ola?

Misioneros y misioneras realizan su labor utilizando el proceso de globalización de la misma manera en que los misioneros del pasado hicieron uso de los factores culturales y tecnológicos de su propia época. Tomemos, por ejemplo, lo que sucede en el mundo de las publicaciones cristianas. Hay un equipo de misioneros lingüistas que trabajan en una traducción del Nuevo Testamento a una lengua indígena en el Ecuador. Un vuelo proporcionado por una organización misionera que se dedica a la aviación los traslada a la remota aldea selvática donde viven y trabajan. Desde allí enviarán los borradores de su traducción por la Internet a su supervisor que vive en el Canadá, y discutirán con él algunos de los problemas técnicos. Cuando el manuscrito esté listo, la diagramación final se hará en Dallas, Texas, en los Estados Unidos, y también por la Internet se enviará a Corea para su impresión.

Cuando los libros estén impresos y encuadernados se remitirán por barco hasta Miami desde donde se distribuirán hasta su destino. Las distancias se han reducido, la comunicación instantánea ayuda a acelerar la realización de objetivos urgentes, y en cada etapa de este complejo proceso se consulta con expertos de todo el mundo. De esta manera, si hace falta una reunión de personas, generalmente muy ocupadas, la comunicación electrónica ha ayudado a todos a prepararse para una toma de decisiones más rápida y eficiente.

Los misionólogos que han reflexionado sobre el proceso de globalización nos llaman la atención a sus ambigüedades. Así por ejemplo, Robert Schreiter analiza los valores modernos de 'innovación, eficiencia y racionalidad técnica' que impulsan los sistemas globales. Pero sostiene que aunque la innovación trae la idea de un cambio que hará que las cosas sean mejores, 'sin una meta clara, se vuelve cambio por el simple gusto de cambiar, cambio para crear nuevos mercados o para estimular el deseo de consumir'[6]. Esto se puede ver, por ejemplo, en la forma en que las organizaciones misioneras, grandes o pequeñas, sufren la presión del mercado para actualizar constantemente las tecnologías electrónicas y mecánicas que usan en sus oficinas. Como consecuencia, sus costos administrativos van en aumento a expensas de los recursos que debieran invertirse en sostener más misioneros en áreas necesitadas.

Otra advertencia de Schreiter es que 'La eficiencia puede significar menos fatiga rutinaria, pero la eficiencia sin efectividad se vuelve estrecha, abstracta y hasta fatal. La racionalidad técnica tiene la ventaja de proveer un propósito claro y sus consiguientes procedimientos, pero puede también llegar a ser profundamente deshumanizante'[7]. He observado esto en la vida de pastores y misioneros en América Latina, el Medio Oriente y Europa oriental. Los métodos gerenciales adoptados por los líderes de sus misiones los presionan porque tienen que 'producir' un cierto número de conversiones que se considera como la norma de una práctica misionera correcta. Tienen que fundar un cierto número de iglesias y ganar convertidos dentro de un cierto límite temporal, y si no lo consiguen, su falla se considera como señal de ineficiencia, falta de fe o una espiritualidad pobre. Esto coloca sobre los misioneros cargas imposibles de llevar y está contribuyendo a destruir la capacidad de las iglesias para desarrollar respuestas pastorales a las tremendas transformaciones culturales de nuestra época. O bien puede banalizar hasta el ridículo la labor misionera. Me he encontrado con misioneros que se pasan la vida obteniendo en su computadora información cada vez más precisa y mapas sobre 'pueblos no alcanzados' y que no tienen tiempo para aprender el idioma del país en que trabajan, conocer a las personas, cooperar con las iglesias ya existentes, y compartir su fe de manera adecuada.

Una ex–alumna mía de Filadelfia me contaba con gran entusiasmo que la habían invitado a ocupar una posición en la oficina central de una organización misionera. Como mujer de larga experiencia en el campo misionero ella tenían grandes expectativas de los tiempos de comunión y profundización espiritual de que disfrutaría en su nuevo cargo. Después de unos pocos meses me compartía su desilusión. Había muchas aristas de carácter que suavizar, pero no había tiempo para la comunión o conversación porque todos parecían muy ocupados en conversar por la Internet con amigos y conocidos al otro lado del mundo. Conozco misioneros en Latinoamérica a quienes les resulta difícil trabajar en la tarea de construir un espíritu de comunidad cristiana con aquellos que les rodean día tras día. La Internet se ha vuelto para ellos una forma egoísta de escaparse hacia una 'aldea global' ficticia.

Lo que hace difícil evaluar críticamente las asociaciones del pasado y el presente entre misión y globalización, es que ha existido una relación ambigua entre las misiones occidentales y el proceso de modernización que precedió a la globalización. En el capítulo anterior mencionamos el hecho de que en la historia de las misiones hay un momento en el cual los misioneros pasan a verse no solo como evangelistas sino también como civilizadores.

Se entró en una nueva etapa de este proceso cuando la expansión europea cruzó los mares luego de la llegada de Colón al continente americano en 1492. La misión católica ibérica acompañó el proceso de colonización por medio del cual se trasladó a las Américas, a algunas regiones de África y a las Filipinas la sociedad feudal del medioevo y su orden económico, que ya estaban desapareciendo en Europa. Dos siglos más tarde, cabalgando sobre la ola del imperialismo británico y la ideología del 'destino manifiesto' en Estados Unidos, las misiones protestantes incorporaron a su tarea un componente modernizador, por su insistencia en la traducción de la Biblia, la alfabetización, la capacitación de líderes laicos; y también por su uso de la medicina moderna y ciertas tecnologías básicas.

Hemos visto de qué manera en el presente ciertos aspectos de la globalización, como las comunicaciones eficientes en escala global, las facilidades financieras y de intercambio dentro de un sistema económico interconectado, son factores de los cuales se beneficia la misión cristiana. Sin embargo, una aceptación acrítica de la modernización y la globalización como valores supremos, sería equivalente a una aceptación acrítica del orden imperial que hemos descrito en la experiencia constantiniana. Vendrían a ser como 'principados y potestades' tenidos como fuerzas casi sobrehumanas que no se pueden controlar ni desafiar, sino únicamente apaciguar y aceptar como señores de nuestras vidas. Contra tal idolatría es imperativo tener una aproximación crítica.

Como hemos señalado, la cultura de la globalización crea actitudes y una disposición mental que pueden ser lo opuesto de lo que el evangelio enseña acerca de la vida humana según el designio divino. Si la misión cristiana se limita simplemente a cabalgar sobre la cresta de la ola de globalización puede terminar cambiando la naturaleza misma del evangelio. Esta fue la advertencia que lanzó el teólogo ecuatoriano René Padilla en el ya mencionado Congreso de Evangelización de Lausana 1974. Su postura se basaba en años de experiencia misionera en el mundo estudiantil con movimientos que se esforzaban por modelar su acción misionera de acuerdo a normas bíblicas. Padilla criticó la identificación total entre valores occidentales modernos, el así llamado *American way of life* (estilo estadounidense de vida), y el evangelio que se propagaba en nombre de la misión cristiana. A esa postura la llamó 'cristianismo–cultura'. En sus palabras, '...para ganar el mayor número de adeptos posible, al cristianismo-cultura no le basta hacer del evangelio un producto económico: tiene que distribuirlo entre el mayor número posible de consumidores de religión. Y para ello el siglo xx le ha provisto un instrumento ideal: la tecnología. Desde esta perspectiva la planificación de la evangelización del mundo se torna un problema de cálculos matemáticos ...'[8].

Esta crítica sigue siendo válida hoy en día y es una advertencia contra tendencias contemporáneas. Por ejemplo, precisamente en el punto en el que la religiosidad ha vuelto a ser la señal de nuestra cultura posmoderna, diversas organizaciones en los Estados Unidos han transformado la oración por las misiones en una especie de industria en la que las enseñanzas y metodologías son empaquetadas y comercializadas. No quiero ser mal entendido. Yo tengo una convicción profunda de que la oración es esencial para la misión, y valoro las nuevas perspectivas teológicas y los métodos que provienen de personas de experiencia y que tienen sabiduría espiritual proveniente de su práctica.

Lo que me parece cuestionable en la idea de 'espíritus territoriales' y 'guerra espiritual' es que la racionalidad cuantificante propia de la cultura tecnológica estadounidense se haya aplicado de manera tan simplista aun a la comprensión de la actividad demónica y la oración. Es lo que percibo cuando a las naciones que están en pugna con la política exterior de los Estados Unidos, se las ubica en mapas como 'ventanas', y se nos quiere convencer que por medio de ese 'mapeo espiritual' es posible detectar una mayor actividad de demonios en esa parte del mundo. Se ha llegado a un extremo inaceptable cuando el nacionalismo y el patriotismo nos llevan a demonizar a los enemigos de nuestra propia nación. Mi sospecha se refuerza cuando veo que esta visión militarista del mundo se expresa también en el culto y la música que usan de manera casi exclusiva el lenguaje guerrero del Antiguo Testamento. Una extraña forma de sionismo cristiano se propaga por muchos medios de comunicación evangélicos.

Es verdad también que las fuerzas del mercado que impulsan la globalización hacen posible mucho de nuestras vidas diarias, como me lo recuerda constantemente mi hijo. Agricultores bolivianos pueden cultivar frejoles en vez de coca y vender sus productos en Japón; obreros coreanos pueden tener un trabajo porque las zapatillas que hacen en sus industrias caseras pueden exportarse a Nueva York o Nairobi. Mi computadora tiene algunas partes hechas en Japón y otras hechas en México o Malasia. Todos nosotros alrededor del planeta estamos conectados mediante una red de relaciones creadas por la realidad del mercado. La vida hoy en día, inclusive la vida de los cristianos y los misioneros, no sería posible sin la actividad humana de comprar y vender que es el meollo del mercado. Pero estamos en peligro de caer en una visión de lo humano para la cual comprar y vender es el factor determinante. En los comienzos de la modernidad el filósofo francés Descartes acuñó la célebre frase 'Pienso, luego existo'. Me parece que una paráfrasis propia de nuestra época es 'compro, luego existo'. Ese es el espíritu de la época del cual no debemos quedar prisioneros, una visión según la cual la naturaleza humana y la felicidad dependen enteramente del mercado. La advertencia de Jesús tiene aquí una actualidad tremenda: 'La vida de una persona no depende de la abundancia de sus bienes' (Lucas 12.15). Una advertencia que no iba precisamente dirigida a los pobres.

Contextualización

'Contextualización' es una palabra que tiene un significado específico en el campo de los estudios misioneros. Se refiere a la manera en que el texto de la Biblia o la teología cristiana se comprenden dentro de su propio contexto cultural e histórico a fin de aplicar su significado en contextos diferentes. Nos ocuparemos de ese tema en el capítulo ocho de este libro. Sin embargo, el término contextualización también se puede entender de una manera más general como un movimiento que busca afirmar las culturas locales, en su búsqueda de autonomía y plena expresión, como una reacción frente a la globalización.

Si la misión cristiana acompañó el proceso de globalización, y en cierta medida contribuyó al mismo, también ha jugado un papel importante en el proceso de contextualización. Por medio de la traducción de la Biblia ha contribuido a la preservación y afirmación de las culturas y lenguas nativas en muchos lugares. La significación histórica de este fenómeno ha sido estudiada por el historiador y misionólogo Lamin Sanneh, profesor en la Universidad de Yale. Su tesis es que 'ciertos proyectos particulares de traducción cristiana han ayudado a crear una amplia serie de experiencias culturales por medio de las cuales ciertos sistemas culturales que habían permanecido en la oscuridad han sido incorporados a la corriente general de la historia universal'[9]. Hubo misioneros españoles del siglo dieciséis, como el jesuita José de Acosta, que escribieron algunas de las mejores descripciones geográficas y antropológicas acerca de las culturas nativas de las Américas, y que hasta hoy son puntos de referencia para comprender a esas culturas. Algunos aspectos de las culturas de la India tales como el lenguaje y la literatura bengalí fueron por primera vez conocidos y apreciados en Europa gracias a la obra de misioneros como Guillermo Carey y sus colegas de Serampore. En su esfuerzo por comprender la mentalidad india a fin de traducir la Biblia a esa lengua, llegaron a familiarizarse de manera admirable con aquella cultura.

Por otro lado, la traducción bíblica a la lengua vernácula ha sido un factor decisivo en el fortalecimiento del sentido de identidad y dignidad de los pueblos y naciones, preparándolos así para luchar contra el colonialismo. Sobre la base de su investigación en África, Sanneh dice: 'Cuando miramos la situación, nos confrontamos con la paradoja de la agencia misionera que promueve la lengua vernácula inspirando de este modo la confianza indígena, en una época en que el colonialismo imponía un señorío paternalista.'[10] La traducción bíblica, lo mismo que el esfuerzo por plantar iglesias autóctonas y permitir que surjan teologías autóctonas, ha facilitado para muchos pueblos la afirmación de lo local y lo autóctono como defensa contra el peso aplastador de la globalización.

El amor por nuestra propia cultura y lengua hasta el punto de sacralizarlas y convertirlas en ídolos es una trampa que debemos evitar. En medio de una crisis económica y social la reacción contextualista contra la globalización puede tomar una forma destructiva que merece el nombre de tribalismo. El historiador Justo González nos recuerda los eventos que siguieron al colapso del imperio soviético y la variedad de guerras étnicas que se desarrollaron en la península balcánica. En naciones africanas como Somalia y Nigeria hubo confrontaciones étnicas en 1991, mientras que en ciudades de Estados Unidos como Los Ángeles, afroamericanos y coreanos se embarcaron en confrontaciones violentas. González nos recuerda que 'Culturas, lenguas, naciones y pueblos son fenómenos históricos. Son parte de esta creación caída y como tales llevan en sí mismas la señal del pecado'[11]. Si nos olvidamos de esto, el amor por nuestra lengua y cultura se vuelve demónico: 'El amor de la lengua y la cultura dan lugar a la limpieza étnica, a las teorías de supremacía y al exclusivismo racial y cultural.'[12]

Los misioneros deben tener presente que a veces son los portadores de las herramientas materiales o los vehículos intelectuales del proceso de globalización. El respeto por lo local y lo autóctono es indispensable, y los misioneros pueden ser capacitados para mostrar sensibilidad ante otras culturas y una distancia crítica frente a su propia cultura. Muchas veces la misionera incorpora en sí misma la tensión entre lo global y lo local y necesita un discernimiento especial, tanto social como espiritual, que solo se gana por medio de la experiencia, en un espíritu de amor por el pueblo, y un modo de hacer misión que siga el ejemplo del mismo Jesús. Lo ha expresado vigorosamente Howard Snyder, teólogo estadounidense que fue misionero en Brasil: 'El evangelio es una buena noticia global. Dios pensó globalmente y actuó localmente. El evangelio es una buena noticia sobre la sanidad y la reconciliación personal, social, ecológica y cósmica. Es una buena noticia para toda la tierra, y más aun, para el cosmos'[13].

En este punto, el gran desafío para los misioneros y misioneras cristianos en los años venideros será de qué manera ser y permanecer, en primer lugar y ante todo, como mensajeros de Jesucristo y no simplemente como la avanzada de un proceso de globalización. Tienen que usar los recursos del sistema sin caer presos del espíritu del sistema. Esta es una necesidad no solo para los misioneros que provienen de países ricos sino también para aquellos que provienen de sociedades pobres y que son tentados a depender fundamentalmente de las facilidades económicas y los instrumentos técnicos que tienen a su disposición. La perspectiva bíblica de la misión tiene una visión global y un componente global que viene de la fe en Dios el Creador y su intención revelada de bendecir a toda la humanidad por medio de instrumentos humanos que él escoge. El proceso contemporáneo de globalización tiene una visión global que viene de Dios el Creador y su intención de bendecir a toda la humanidad, por medio de aquellos a quienes él elige como instrumentos. Al mismo tiempo, Dios está formando un nuevo pueblo global con personas provenientes de todas las razas, culturas y lenguas, esparcidos por toda la tierra: un pueblo al que no le queda más opción que tener una visión global, pero que viven esa visión en la situación local donde Dios los ha puesto. Desde esa perspectiva bíblica hay que juzgar el proceso de globalización.

Incremento de la pobreza y la desigualdad

Se ha señalado que la economía y el mercado son motores del proceso de globalización. En diferentes lugares y de muchas maneras la globalización ha acentuado las disparidades sociales en el mundo, especialmente en países y regiones cuyas estructuras sociales tienen una tradición de desigualdad y corrupción. Por una parte, ha generado nueva riqueza y comodidades sin precedentes, colocando las más sofisticadas tecnologías al alcance del ciudadano común en las naciones ricas, y entre las minorías pudientes en las naciones pobres. Por otra parte, las estadísticas indican que un sector numeroso de la humanidad está siendo empujado a formas de extrema pobreza. Un misionero de la India nos dice que en su país 'Unos 300 millones engullen Coca-Cola, mientras 700 millones luchan por encontrar agua potable. Estos son los pobres de la India. La pobreza absoluta ha aumentado en medio de la globalización y la emergencia de la nueva clase media'[14]. El misionólogo Schreiter, a quien ya mencionamos, ofrece una explicación del empobrecimiento, 'la causa en parte es que el capitalismo global busca la ganancia a corto plazo, una búsqueda que impide el compromiso de largo plazo con un pueblo y un lugar; y en parte porque la centralidad del mercado destruye las sociedades y economías de pequeña escala'[15].

Este proceso ha traído incertidumbre, sufrimiento y declinación en la calidad de vida de las personas cuyo bienestar depende de instituciones públicas. Tal es el caso de los ancianos y jubilados, los niños, los estudiantes pobres, los migrantes. Los misioneros cristianos están familiarizados con el problema debido a que tienen experiencia de primera mano junto a las víctimas de este proceso. Por ejemplo, en la mayor parte de los países latinoamericanos los esfuerzos cristianos a largo plazo, tales como la educación teológica y el desarrollo institucional necesario para el cumplimiento de la misión de la iglesia, han resultado afectados negativamente por el colapso de las estructuras de sostenimiento financiero, debido al creciente desempleo causado por la privatización de la salud, la seguridad social y la educación. En otras regiones hay entidades misioneras conocidas por su énfasis en evangelización y fundación de iglesias, que se han visto obligadas a crear un departamento especializado en atención a enfermos de SIDA a fin de responder a esa plaga que ha empezado a asolar todo el mundo, pero en especial los países africanos.[16]

Aun en países ricos las desigualdades sociales crecientes plantean cuestiones complejas a la misión de la iglesia. Por ejemplo, Peter Drucker, un analista del nuevo orden económico en los Estados Unidos, ha descrito críticamente la transformación social que se está dando en Norteamérica.

La ve como el paso a una 'sociedad poscapitalista' en la cual los 'obreros del conocimiento' están reemplazando a los obreros industriales. Drucker destaca el hecho de que este cambio en la naturaleza del trabajo, que ahora se basa mayormente en la preparación intelectual, presenta enormes desafíos sociales que transformarán la vida de la gente. Así por ejemplo, se da la desaparición de antiguas comunidades como la familia, los pequeños pueblos o aldeas y las parroquias. Para Drucker, ningún gobierno ni tampoco ninguna organización patronal —los clásicos 'dos sectores' que mantienen el poder en la Norteamérica poscapitalista—, es capaz de sobrellevar los efectos de este masivo cambio sociológico que él llama 'las tareas sociales de la sociedad del conocimiento'. Estas tareas incluyen 'la educación y el cuidado de la salud; los desórdenes de conducta y las enfermedades propias de una sociedad desarrollada y especialmente rica, tales como el abuso de drogas y el alcohol; o los problemas de incompetencia e irresponsabilidad como los que se manifiestan entre la clase baja en las ciudades estadounidenses'[17].

Drucker opina que esas tareas sociales han de estar en manos de lo que él llama 'el tercer sector' en la sociedad estadounidense, el cual está conformado por las iglesias y por una miríada de organizaciones voluntarias que denomina 'para-iglesias', porque se han desarrollado según el modelo de entidad 'sin fines de lucro' que es propio de la iglesia en Estados Unidos y otros países. Para Drucker este tercer sector tendrá que asumir dos responsabilidades. Una es la de 'crear salud y bienestar humano', y la otra es la de crear una 'cultura ciudadana'.

Evidentemente existe una presuposición detrás del esquema de Drucker, y es el tremendo voluntarismo, la tendencia a organizarse en asociaciones voluntarias que caracteriza a la sociedad estadounidense, y que definitivamente tiene raíces protestantes. Tales raíces explican su dinamismo, aunque hoy en día las organizaciones voluntarias como las ONG puedan ser seculares y hasta críticas de lo religioso en su perspectiva e intención. La fórmula de Drucker puede no funcionar en sociedades que tienen estructuras, cosmovisión y actitudes totalmente diferentes, como en las sociedades católicas o musulmanas. El tipo de voluntarios propuesto por Drucker son por lo general personas cuyas necesidades básicas están resueltas y que disfrutan de una buena medida de tiempo libre.

Los pobres, la globalización y la misión

Una consecuencia del movimiento de Lausana después de 1974 fue la creciente respuesta de los evangélicos al desafío de la pobreza y la injusticia. Se ha dado una significativa multiplicación de proyectos de misión integral en los cuales el componente social resulta indispensable.[18] En América Latina, por ejemplo, el número de niños de la calle que son víctimas de todo tipo de explotación es resultado de la desintegración familiar, la pérdida de valores cristianos y la pobreza creciente. Como respuesta a esta necesidad se han desarrollado un gran número de proyectos misioneros y existe hoy en día una red que trata de coordinarlos. En algunos lugares del mundo la única forma en que los misioneros cristianos pueden obtener una visa para establecerse en un país es el servicio a las necesidades materiales de las personas. Proyectos misioneros como éstos no son únicamente el resultado de una nueva conciencia social entre los cristianos. Son también la respuesta inevitable al deterioro creciente de las condiciones sociales, que han creado muchas nuevas víctimas, llegando a ser un nuevo desafío a la compasión cristiana.

En este siglo que se inicia, hay muchos lugares en los cuales la compasión cristiana será la única esperanza de

sobrevivencia para las víctimas de la globalización económica. El desafío para los misioneros será de qué manera
evitar caer en las trampas del paternalismo misionero, por
un lado, y de los fracasados sistemas de seguridad social
estatal por otro. Solo el poder redentor del evangelio
transforma a las personas de manera que las capacita para
vencer las terribles consecuencias de la pobreza.

Los estudios sociológicos del cristianismo en las décadas de 1960 y 1970 fueron marcadamente hostiles contra
las iglesias. El escenario ha cambiado en la actualidad.
A medida que los planificadores sociales y los gobernan-
tes reconocen los problemas generados por los sistemas
económicos en vigencia, existen estudios sociológicos
de lugares muy diferentes entre sí que han comenzado a
ver a las iglesias como la fuente de esperanza donde los
pobres de las ciudades reciben fuerzas, sentido de dignidad y valor, y hasta un nuevo lenguaje para hacer frente a
la pobreza. Esto se puede ver, por ejemplo, en los trabajos
de John Di Lulio en la ciudad de Filadelfia, Pennsylvania,
Estados Unidos,[19] o de Cecilia Mariz en varias ciudades
brasileñas,[20] o de David Martín en Corea del Sur, Sudáfrica y América Latina.[21] Así como en la época del Nuevo
Testamento, hoy en día aun entre los más pobres el evangelio trae una cierta medida de prosperidad y la transformación moral de las personas que sigue a la conversión,
y tiene efectos sociales innegables que exploraremos más
detenidamente en el capítulo 9 de este libro.

Ahora bien, hay otro hecho misionero significativo en
relación con el mundo de la pobreza, que podría verse
como algo paradójico: los pobres del mundo son la gran
fuerza misionera en esta etapa de la historia de la misión
cristiana. En muchas naciones alrededor del mundo hay
gente de toda condición social que es atraída por Jesucristo
y responde a su llamado. Sin embargo es especialmente
entre los pobres donde hoy encontramos gente abierta

al evangelio y entusiasta de su fe. Las iglesias crecen con increíble vitalidad en el mundo de la pobreza. Mientras en algunas regiones del mundo y en otros sectores sociales las iglesias tienden a declinar, en Asia, África y América Latina los evangélicos han encontrado corazones receptivos entre los millones que se han desplazado del campo a la ciudad. Aun en Norteamérica y Europa crecen las formas populares de protestantismo. Me parece que hay precedente bíblico y muchos ejemplos de la historia que prueban la validez de lo que dice Howard Snyder: "Si bien el evangelio se dirige a todas las personas en todas partes, es especialmente una misión a los pobres, a las masas y las clases marginadas del mundo. Si bien no excluye a nadie que se acerque a Dios 'con un corazón contrito y humillado' la dirección primaria de su energía es hacia los pobres."[22] Las iglesias de los pobres han aprendido a responder al desafío urbano: hablan el lenguaje de los pobres y ofrecen una experiencia de comunidad en medio de la impersonalidad y el anonimato propios de las grandes ciudades, movilizan a todos sus miembros para la evangelización y ofrendan aun con sacrificio para la misión.

Más aun, como ya lo he señalado, la iniciativa misionera expresada en número de personas que se ofrecen como voluntarios para ser misioneros parece estar pasando del hemisferio norte al hemisferio sur, precisamente en el momento en que en el sur crece la pobreza. Dentro de este contexto de pobreza se han desarrollado dos modelos de actividad misionera que proveen claves para el futuro. En el *modelo cooperativo*, las iglesias de naciones ricas suman sus recursos materiales a los recursos humanos de las iglesias en naciones pobres a fin de realizar obra misionera en un tercer campo. Algunos ministerios evangélicos especializados tales como Juventud Con Una Misión, Operación Movilización, y la Comunidad Internacional de Estudiantes Evangélicos tienen experiencia con este modelo al haber formado equipos internacionales para tareas misioneras transculturales en una variedad de situaciones. Otras organizaciones misioneras se encaminan en esta dirección pero el modelo plantea algunas cuestiones prácticas para las cuales no hay respuestas fáciles. Las órdenes misioneras tradicionales que han persistido en la Iglesia Católica Romana, tales como los franciscanos y los jesuitas, que son de carácter internacional, proveen el ejemplo más antiguo y más desarrollado facilitado por los votos de pobreza, celibato y obediencia. Sin embargo, este modelo presupone un concepto de ministerio y de orden eclesiástico totalmente diferente del concepto evangélico. Lo más cercano al modelo de las órdenes en el ámbito protestante ha sido el Ejército de Salvación y me parece muy sugerente el hecho de que haya sido un movimiento creado por un evangelista metodista, precisamente como respuesta a la necesidad de ministrar, con palabras y acciones, a los pobres de Inglaterra a finales del siglo diecinueve.

El *modelo migratorio* que ha funcionado de manera admirable a lo largo de los siglos es también una avenida para la misión en nuestros días. Viajeros de los países pobres que emigran en busca de sobrevivencia económica llevan consigo el mensaje de Cristo y la iniciativa misionera. Moravos de Curazao han ido a Holanda, bautistas de Jamaica emigraron a Inglaterra, mujeres cristianas de las Filipinas trabajan en países musulmanes, creyentes haitianos han ido al Canadá y evangélicos latinoamericanos están yendo a Europa, al Japón, Australia y los Estados Unidos. Esta presencia y actividad misionera ha sido significativa aunque rara vez llega a los informes e historias de la actividad misionera institucional. Ya hay agencias misioneras diversas que están tratando de crear estructuras de cooperación que les permitan servir con eficacia dentro del marco de la migración. Necesitarán tener mucho cuidado para evitar sofocar la espontaneidad vital de la iniciativa no formal.

La península ibérica se ha convertido en una de las fronteras a través de las cuales un continuo flujo de inmigrantes provenientes de América Latina y África tratan de entrar en Europa. España misma necesita inmigrantes para su agricultura, como los necesita Alemania para su industria. En conversaciones con pastores de iglesias evangélicas españolas y portuguesas he escuchado testimonios de gratitud a Dios por la presencia en ellas de creyentes latinoamericanos que tienen la ventaja de hablar la misma lengua. Son un desafío difícil para las iglesias españolas porque muchas veces necesitan ayuda económica y soluciones a sus problemas migratorios. Tampoco es fácil para congregaciones antiguas adaptarse a la presencia de personas nuevas que a veces, pese al idioma común, tienen características culturales diferentes. Pero los pastores reconocen que los recién llegados traen entusiasmo y energía, dones que resultan necesarios para que las iglesias respondan al desafío misionero de una sociedad posmoderna.

Los modelos misioneros existentes entre los evangélicos no han podido sobrepasar las distancias y barreras creadas por el comparativo bienestar económico de los misioneros y sus agencias. Hay una tendencia frecuente de las agencias misioneras a pasar por alto y no respetar a sus socios, las iglesias nacionales, perpetuando su propia 'independencia'. Esto es una indicación de fracaso que se acentúa con el crecimiento de la pobreza. El dinamismo misionero de las iglesias del sur podría ser aplastado y mal dirigido al intentar imitar los modelos caros de organización misionera propios de los países ricos. Las desigualdades económicas flagrantes hacen imposible la coparticipación misionera. El futuro demanda más modelos de misión integral no-paternalista. El modelo encarnacional de Jesús y de Pablo son una clave especialmente valiosa ahora que estamos de nuevo en un mundo que asiste al fin de la cristiandad, tema al cual nos abocamos en el próximo capítulo.

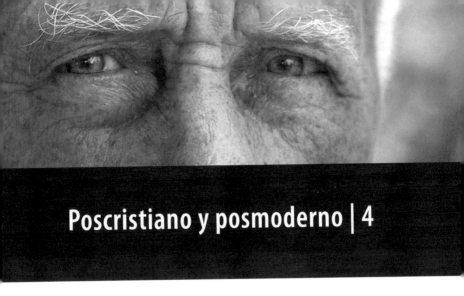

Poscristiano y posmoderno | 4

Yo vengo de un país cristiano, según dicen. Como tantos otros autores, el teólogo Gustavo Gutiérrez ha sostenido que América Latina es un continente cristiano, y al mismo tiempo pobre. Sin embargo, hace un tiempo, mientras un estadio lleno de aficionados al fútbol esperaban la salida de la selección peruana que iba a jugar contra la colombiana, los que veíamos el espectáculo desde nuestros televisores nos sorprendimos al contemplar a unos brujos y adivinos de una religión pre-hispánica que realizaban una complicada ceremonia ofreciendo sus sacrificios a la Madre Tierra por la victoria anticipada del equipo peruano. No había ningún sacerdote católico o pastor evangélico para bendecir el partido, si bien algunos de los jugadores se persignaron al salir a la cancha. Este incidente refleja la forma en que el cristianismo está siendo desplazado de su lugar de honor en sociedades donde en el pasado fue la religión oficial del Estado, dando lugar así a un mundo poscristiano. Por otra parte, el interés renovado en todo tipo de religiones, incluyendo las que existían antes de que el cristianismo se implantase en nuestras sociedades es una señal de la cultura posmoderna. Los pensadores modernos habían predicho el fin de la religión que según ellos iba a ser desplazada por la racionalidad y la ciencia. Sin embargo, hoy en día, en los albores de un nuevo siglo, nos encontramos con un mundo más religioso. Entras a una librería en Lima, Buenos Aires, Chicago o Madrid y te vas a encontrar con una abultada sección de libros religiosos en los cuales los libros cristianos son minoría frente a libros sobre espiritismo, la Nueva Era, el islam, el judaísmo, y una variedad de manuales de auto-ayuda espiritual. ¿Cuáles son algunas de las notas de esta nueva cultura poscristiana y posmoderna que se propaga en escala global por los medios masivos de comunicación?

Antes de considerar las marcas de esta nueva cultura es importante recordar que aun dentro de un mismo país no hay uniformidad cultural y que las culturas están en un continuo proceso de cambio. 'Posmoderno' y 'poscristiano' son términos que describen tendencias básicas de la cultura occidental. Debido a la expansión de la cultura occidental durante los siglos diecinueve y veinte, por medio de la educación o los medios de comunicación por ejemplo, cualquier graduado universitario en cualquier parte del mundo ha asimilado elementos centrales de la cultura occidental. La tecnología que es parte de nuestro mundo globalizado ha occidentalizado los hábitos, las formas de relacionarse, de desplazarse y de comunicarse en todo el mundo. Consecuentemente, las características culturales que incorporan las tendencias que llamamos poscristianas y posmodernas se están difundiendo también por todo el mundo.

Sin embargo, en muchos lugares culturas muy diferentes entre sí coexisten e interactúan en un proceso de transición. Por ejemplo en países como Filipinas, Perú o Nigeria, hay poblaciones en lugares remotos de las sierras o la selva que viven en una cultura pre-moderna. Para sobrevivir al avance inexorable de la parte occidentalizada de sus países, estas poblaciones necesitan aprender los elementos básicos de la *modernidad* tales como la lectura, la eficacia de las vacunas, o cómo manejar aparatos eléctricos. Queriéndolo o no, algunos misioneros embarcados en la evangelización de estas poblaciones resultan portadores de la modernidad. Por ejemplo si se esfuerzan por poner la Escritura al alcance de la gente en su lengua nativa, y en consecuencia les enseñan a leer.

Por otra parte, en las modernas capitales de estos países encontramos entre personas de todas las clases sociales algunas cuya cultura lleva las marcas de la *posmodernidad*. Las iglesias que no comprenden a la juventud posmoderna son también incapaces de mantener a las nuevas generaciones dentro de su redil. Comparo mis conversaciones con estudiantes de Myanmar, Ghana o la India y algo semejante está pasando por esos países. Hemos de comprender estas nuevas tendencias culturales tal como se dan no solo en Occidente sino en escala global.

El análisis cultural desde la perspectiva de la misión cristiana funciona con una presuposición fundamental, expresada claramente en el párrafo 10 del Pacto de Lausana:

> La cultura siempre debe ser probada y juzgada
> por las Escrituras. Porque el ser humano es
> una criatura de Dios algunos de los elementos
> de su cultura son ricos en belleza y bondad.
> Porque el ser humano ha caído, toda su cultura
> está mancillada por el pecado y algunos de
> sus aspectos son demoníacos. El evangelio
> no presupone la superioridad de una cultura

sobre otra, sino que evalúa a todas las culturas
según sus propios criterios de verdad y
justicia e insiste en principios morales absolutos
en cada cultura.

Esta presuposición se basa en nuestra creencia cristiana de que los seres humanos recibieron de su Creador una capacidad de transformar la *natura* (naturaleza) en *cultura*.

Sin embargo, hay también una realidad histórica a tener en cuenta, y es la ambigua relación que ha existido por mucho tiempo entre la cultura occidental y el cristianismo, y la forma en que esa relación tuvo influencia sobre la obra misionera. El Pacto de Lausana clarifica el asunto:

> Las misiones con mucha frecuencia han
> exportado una cultura extraña junto con
> el evangelio y las iglesias han estado a veces
> esclavizadas a la cultura más bien que
> sometidas a las Escrituras. Los evangelistas de
> Cristo deben tratar humildemente de vaciarse
> de todo, excepto de su autenticidad personal,
> a fin de ser siervos de los demás, y las iglesias
> deben tratar de transformar y enriquecer su
> cultura, todo para la gloria de Dios.
>
> Párrafo 10

Las tendencias poscristianas y posmodernas en la cultura occidental actual nos presentan una oportunidad de seguir esta agenda misionera. La actitud que expresa el Pacto nos ayuda a evitar la tendencia conservadora a rechazar todo cambio cultural como si fuera dañino para la vida cristiana, y de este modo podemos ver las oportunidades misioneras que cada nueva situación nos trae. Al mismo tiempo nos ayuda a embarcarnos en la misión yendo de vuelta a los fundamentos del evangelio, y desechando los ropajes occidentales, ajenos a él, que consciente o inconscientemente caracterizaron a la misión durante la era imperial en los siglos diecinueve y veinte.

El fin de la cristiandad

La misión cristiana desde el Occidente se hizo en el pasado dentro de un paradigma que presuponía la existencia de un orden social cristiano, lo que se llama la 'cristiandad'. El mundo ha cambiado, y como sugerí en el capítulo anterior, me arriesgo a sostener que el crecimiento económico asimétrico que ha causado un aumento del abismo entre ricos y pobres, es una evidencia del grado hasta el cual la cultura occidental ha perdido lo poco que le quedaba de valores cristianos. En el capítulo 2 vimos cómo la posición de la iglesia en la sociedad evolucionó desde la época en que el emperador Constantino hizo del cristianismo la religión oficial del imperio. Como bien lo dice Roger Mehl:

> A raíz de la oficialización del cristianismo por parte de Constantino, aquel se había convertido progresivamente en un integrante social, fundiéndose la iglesia en una sociedad medio civil, medio religiosa, *la cristiandad*. Había abarcado con su autoridad toda una civilización, había inspirado una política, se había convertido en una realidad esencialmente occidental.[1]

La cristiandad presupone el predominio del cristianismo en las sociedades occidentales y un cierto grado de influencia de ideas y principios cristianos sobre la vida social de las naciones y su política internacional. No resulta difícil ponerse de acuerdo con el historiador Latourette en el sentido de que: 'Ninguna civilización ha incorporado jamás los ideales de Cristo.'[2] Pero es también importante recordar que algunos de dichos ideales como la justicia en asuntos nacionales e internacionales o la compasión expresada en formas de ayuda a las clases sociales más pobres, o de ayuda exterior a las naciones más pobres, están arraigados en una larga historia de la influencia cristiana sobre el desarrollo de legislación y la creación de instituciones que incorporan esos ideales. Por supuesto, la historia muestra que las clases dirigentes, dentro de ciertos países o gobiernos, han fallado en vivir de acuerdo a lo ideales que profesan en su conducción de los asuntos internacionales. Una situación poscristiana significa que en nombre del pragmatismo en el cual el mercado y las ganancias determinan las reglas del juego, los ideales de inspiración cristiana se abandonan por completo.

En una situación de poscristiandad los cristianos no pueden esperar que la sociedad facilite mediante mecanismos sociales la clase de vida que se rige por las cualidades de la ética cristiana. Dentro de esta situación los misioneros que viajan y se ocupan en las misiones tendrán que esperar cada vez menos en términos de apoyo o protección de sus gobiernos. La legislación en los países de Europa y Norteamérica deja de basarse en principios cristianos. Hoy en día la postura del cristiano en Occidente tiene que llegar a ser misionera porque el estilo de vida cristiano va 'contra la corriente' hasta el punto de que ser cristiano es como ser un 'extranjero residente'[3]. Las mismas cualidades que se requerían de los pioneros que fueron a plantar el cristianismo en campos misioneros se requieren ahora del cristiano que se queda en su propio país en una nación occidental, y que quiere ser un testigo fiel de Jesucristo. Una líder misionera lo ha dicho con toda claridad:

> Ni el Señor Jesús ni la iglesia primitiva
> consideraron la posición minoritaria en
> la sociedad como algo anormal. Fue solo

con la llegada de la cristiandad que la iglesia
fue seducida a creer que debería ejercitar un
control mayoritario por la fuerza y no por la fe
(y en algunas partes de Europa todavía estamos
pagando el precio de ese cambio de postura).[4]

En este punto, los misioneros reciben inspiración y estímulo de la forma en que los cristianos viven sus vidas en
aquellos ambientes hostiles donde son una minoría. Los
misioneros occidentales pueden aprender mucho de los
cristianos que tienen que practicar día tras día un estilo
de vida alternativo al de la mayoría.

He mencionado ya algunos movimientos juveniles
y estudiantiles que se han manifestado más abiertos a
tomar riesgos creando modelos de equipos misioneros
con sensibilidad transcultural. Los que han participado
en ellos han podido ver su propia cultura desde una distancia crítica. Esto lo ha facilitado también la movilidad
y el estilo de vida sencillo de los equipos. Por medio de
la experiencia y la reflexión a la luz de la Palabra de Dios
estos equipos han sido un buen ámbito de capacitación
para la misión. Creo que este tipo de experiencia permite
a los participantes probar algunas de las características
positivas de las órdenes monásticas tradicionales que han
permanecido dentro de la Iglesia Católica como instrumentos para la misión de atravesar fronteras sociales y
culturales. Las actuales facilidades existentes para viajar permiten que se dé este proceso educativo mediante
experiencias de inmersión misionera a corto plazo que
permite conocer otra cultura y experimentar la vida en
comunidad con hermanos y hermanas en Cristo de otros
lugares. Sin embargo hay que tener mucho cuidado de que
todo ello no degenere en una forma más de turismo con-
sumista, egoísta.

Una cultura posmoderna

No solo el cristianismo ha dejado de ejercer influencia sobre la cultura occidental contemporánea. El rechazo de los valores cristianos puede entenderse dentro del marco más amplio de un rechazo a las ideologías y cosmovisiones que habían sido forjadas por las ideas de la Ilustración, lo que generalmente se conoce como 'modernidad'. Ahora vemos en Europa y Norteamérica el surgimiento de una cultura y de actitudes que podrían describirse como 'posmodernas' porque expresan una revuelta contra puntos claves de la modernidad.[5] Así tenemos el predominio del sentimiento y la revuelta contra la razón, el reavivamiento del paganismo en elementos como el culto al cuerpo, la búsqueda de formas cada vez más sofisticadas de placer y la ritualización de la vida. Los espectáculos deportivos y artísticos populares toman la forma de celebraciones religiosas y sustituyen a los servicios religiosos como alivio de la pesada rutina del trabajo y el deber.

Un aspecto importante de la posmodernidad es la glorificación del cuerpo. La cultura posmoderna pinta y exhibe al cuerpo humano en todas las formas imaginables y ofrece miles de productos para embellecer, perfumar, modificar, mejorar y perfeccionar el cuerpo, aun hasta el punto de prometer formas de evitar el envejecimiento natural. Hay productos, métodos y estímulos para intensificar el placer físico en todas sus formas. Esta búsqueda de placer ha llegado a ser la marca de la vida contemporánea, la cual con la pérdida de esperanza determinada por la caída estrepitosa de las ideologías se convierte en un puro y simple hedonismo. La globalización de las comunicaciones genera aquí otra asimetría. Los medios masivos presentan esta forma hedonista de vivir y la propagan por todo el globo. La incitación a disfrutar de los placeres caros llena las pantallas de la televisión en las sociedades pobres y los jóvenes, en particular, anhelan los sofisticados símbolos e instrumentos de un Occidente hedonista, mientras carecen de solución a las necesidades básicas de su propia vida material tales como vivienda adecuada y agua potable.

Otra marca importante de la modernidad era que sus mitos proveían esperanza y un sentido de dirección a las masas. Algunos de nosotros recordamos bien cómo el sueño marxista de una sociedad utópica sin clases motivó y alimentó la militancia política de varias generaciones de estudiantes que estaban dispuestos a dar su vida por la causa del proletariado. Cuando asistíamos al colegio secundario algunos de nosotros tuvimos que memorizar los discursos políticos liberales de la Revolución Francesa con sus sueños de progreso ilimitado. Más tarde vino el marxismo, con su sueño expresado tan bien por las palabras del Che Guevara que una vez leí pintadas en paredes de la ciudad de Córdoba en Argentina: '¿Qué importan los sacrificios de un hombre o un pueblo si lo que está en juego es el destino de la humanidad?'. Una marca de la posmodernidad es precisamente la pérdida de esos grandes sueños utópicos. Nadie hoy en día, ni los políticos ni los profesores de filosofía, ni los historiadores tienen una clave sobre la dirección hacia la cual marcha la historia, y parece que eso en realidad ya no importa. Para las generaciones de jóvenes posmodernos la filosofía de vida está contenida en esas palabras que san Pablo cita del profeta Isaías, para describir el materialismo de su propia época: 'Comamos y bebamos, que mañana moriremos' (1 Corintios 15.32).

Un materialismo así es el que subyace tras la actitud que hace del consumo el interés dominante del ciudadano promedio. La increíble abundancia de bienes de consumo generados por la economía moderna confluye con la pasión por comprar y usar, la ideología del consumismo. Los grandes 'Centros de Compras', los llamados *Malls o Shopping Centres,* están abiertos los siete días de la semana y han llegado a ser los nuevos templos de una religión posmoderna. No es difícil detectar el vacío en las vidas de sus adoradores. Jacques Attali los describe como nómadas modernos que con sus *walkmans,* sus *laptops* y sus teléfonos móviles 'vagarán errantes por el mundo buscando formas de usar su tiempo libre, comprando información, sensaciones y bienes que solo ellos pueden permitirse, al mismo tiempo que ansían la comunión humana y las certidumbres de ese hogar y esa comunidad que ya no existen porque sus funciones se han vuelto inservibles'[6].

Descripciones de fuente secular como ésta acerca de la condición humana en la cultura posmoderna se acercan a las descripciones teológicas sobre la condición caída de los seres humanos. La literatura posmoderna, tanto en el Norte como en el Sur, evidencia el cinismo y la amarga desilusión que ha traído la muerte de los mitos e ideologías de la modernidad. En las ricas sociedades posmodernas estos vienen a ser los 'pueblos no alcanzados' que también se constituyen en un desafío a la compasión cristiana. Aquí se requiere oración, como la que nos enseñó Jesús, cuando vio a las multitudes 'agobiadas y desamparadas' de su día (Mateo 9.33–36). Esta compasión y oración son la respuesta que demanda la situación, y no una apologética triunfalista que parece decir 'ya se lo habíamos advertido', desde la distancia de una santurronería arrogante. La obediencia misionera en esta frontera es obligatoria para las iglesias evangélicas y es tan urgente como la obligación de ir a 'pueblos no alcanzados' en tierras exóticas o remotos rincones rurales.

Religiones: lo viejo y lo nuevo

La modernidad, tanto en su versión liberal como en la marxista, funcionaba con la presuposición 'ilustrada' de que la religión estaba en camino a desaparecer. Durante la primera parte del siglo veinte en los círculos culturales los pensadores cristianos se vieron confrontados por un racionalismo hostil nutrido por las ideas de los tres 'maestros de la sospecha': Marx, Nietzsche y Freud. Desde la perspectiva de la misión cristiana, el regreso de una actitud de apertura a lo sagrado y al misterio parecía a primera vista una señal de que las cosas mejoraban. Pronto, sin embargo, se hizo evidente que los cristianos estaban siendo confrontados por un desafío nuevo y más sutil. Nuestra manera de comunicar y defender el evangelio necesitaba un serio replanteamiento porque la plausibilidad, la autenticidad y la calidad de nuestra fe estaban siendo cuestionadas ahora desde un ángulo diferente.

En la década de 1970, como evangelista de estudiantes en universidades de lugares tan diferentes como Canadá, Chile, Brasil o las Filipinas, tuve la oportunidad de dialogar con estudiantes que manifestaban esta nueva apertura a lo religioso. Recuerdo al estudiante de física que me dijo a gritos durante una conferencia en la Universidad Nacional Autónoma de México: 'Ya no estamos interesados en Marx, ni en cómo cambiar el mundo. Lo que yo quisiera saber es si la fe cristiana tiene un método para desarrollar el potencial de las fuerzas espirituales que llevo dentro.' En muchos casos esta nueva actitud permitía que los cristianos demostrasen su fe de manera más libre y desinhibida por medio de la oración, el canto y el drama al aire libre. Me encontré muchas veces embarcado en diálogos con personas cuyo lenguaje era extrañamente parecido al lenguaje de algunos evangélicos: 'gozo en el corazón, una sensación de realización de sí mismo, un sentido de paz y armonía, un sentimiento de buena voluntad hacia todos los seres humanos, incluyendo los animales y el planeta Tierra'. Sin embargo cuando yo planteaba cuestiones específicas como el sufrimiento, la muerte, la compasión, la esperanza final, las fallas humanas y el pecado, este nuevo estado de ánimo religioso parecía desvanecerse. Y cuando yo hablaba de la cruz, del mal, del pecado y de la redención en Cristo podía observar que mis interlocutores se iban poniendo hostiles contra lo que consideraban mi intolerancia y exclusivismo.

La nueva actitud hacia la religión y la proliferación de prácticas religiosas tiene que entenderse como parte de la revuelta contra la modernidad. Las ideologías 'modernas' de progreso indefinido y utopía social eran realmente mitos que atraían y movilizaban a las masas para la acción. Su fracaso y su caída han traído una toma de conciencia del vacío y la desilusión respecto a la capacidad de la razón humana para darle sentido a la vida y proveer respuestas a profundas cuestiones existenciales. Esto está en la raíz de la búsqueda de alternativas, de un anhelo de contacto con lo oculto, de una capacidad de manejar lo misterioso, de una conexión con las fuerzas extra-racionales que puedan influenciar el curso de los eventos humanos, tanto en las vidas personales como en las de las comunidades y naciones.

Es útil recordar que en la época del Nuevo Testamento el mensaje de Jesucristo confrontó los desafíos de la filosofía griega y de la política romana, pero también las cuestiones que provenían de las religiones de misterios que predominaban especialmente en las prácticas e ideas de la cultura popular. Las religiones de misterio durante el primer siglo prometían ayudar a los seres humanos con sus problemas cotidianos, les ofrecían la inmortalidad, prometían la purificación para enfrentar el problema de la culpa, seguridad para enfrentar el temor al mal, poder sobre el destino, y unión con los dioses por medio del éxtasis orgiástico.[7] La manera en la cual se desarrollaron el mensaje y la práctica de los apóstoles en el Nuevo Testamento fue una respuesta a estas necesidades del corazón humano, una respuesta que partía del hecho central de la fe: la persona y obra de Cristo Jesús.

Hoy en día los misioneros están obligados a reconsiderar la enseñanza del Nuevo Testamento acerca de la religiosidad y también acerca de la presencia y el poder del Espíritu Santo. La tecnología de los medios y las técnicas de comunicación así como una fe intelectualmente razonable no son suficientes. El poder espiritual, y disciplinas tales como la oración, la meditación bíblica, el ayuno, son necesarias para el cruce misionero de esta nueva frontera religiosa. Los evangélicos tenemos que tener apertura al ministerio de personas que tienen dones para ministrar en estas áreas. Por otra parte, el apóstol Pablo, escribiendo a los corintios, reconocía también que podía haber mundanalidad, abusos y manipulación, aun dentro del contexto de los dones espirituales. El teólogo croata Peter Kuzmic ha dicho con mucha razón que 'el carisma sin carácter conduce a la catástrofe'. Quienes trabajamos en la educación teológica y en la capacitación para la misión hemos tomado conciencia de la importancia de la formación espiritual de los futuros ministros y misioneros. Hace falta un cambio de mentalidad, el cual ha sido expresado con mucha precisión por el líder misionero Jim Pluedemann: 'El paradigma dominante para la misión en este momento es el de la línea de montaje de una fábrica. Este paradigma conduce a los misioneros a plantearse objetivos para la conducta exterior. Su interés principal son los números.' Este autor recalca el hecho de que el crecimiento espiritual comprende un proceso que transcurre en el interior de la persona: no es algo que pueda ser medido, controlado o predicho. 'La mejor manera de facilitar la formación espiritual es facilitar los medios de gracia que Dios usa para promover el proceso de madurez... la Palabra de Dios, el Espíritu de Dios y el pueblo de Dios.'[8]

Si aceptamos el hecho de que el Occidente, es decir Europa y Norteamérica, han de ser considerados como campo de misión, también tenemos que aceptar la validez de una búsqueda por un enfoque misionero que tome en serio el contexto cultural de ese campo misionero. Un misionólogo que se ha ocupado del tema desde la perspectiva del iglecrecimiento es George Hunter III quien dice que la barrera cultural entre la gente que asiste a la iglesia y la que no asiste es la causa principal de la declinación del cristianismo en Europa y el mayor problema para las denominaciones históricas en los Estados Unidos. Hunter plantea una pregunta dramática: 'Los Estados Unidos son un vasto campo misionero secular con muchas culturas y sub-culturas. ¿Somos lo suficientemente compasivos e imaginativos como para desatar varias formas de cristianismo verdaderamente autóctono en este país?'[9] Hunter piensa que las congregaciones auto-denominadas 'apostólicas' que proliferan en Norteamérica están respondiendo adecuadamente a este desafío misionero, y entre otras menciona a la Iglesia Comunitaria de Saddle Back en Orange County, California. Esta iglesia con otras tales como la de Willow Creek en Illinois son las mega-iglesias que se han desarrollado en las décadas más recientes.

Estas iglesias retienen algunas marcas del evangelicalismo clásico en su doctrina y preocupación evangelística pero evitan cuidadosamente adoptar nombres que pudieran indicar un origen denominacional. Su éxito parece estar relacionado con su capacidad de responder positivamente a las necesidades, actitudes y formas de ser generadas por la cultura del mercado en la sociedad posmoderna. Hunter recalca el hecho de que en su liturgia, su estilo de predicación, su forma de organizar la participación de los miembros por medio de pequeños grupos, haciendo que la gente se sienta cómoda en su forma de vestir y su estilo de vida, estas iglesias han removido las barreras culturales que mantenían a la gente distante de las iglesias tradicionales. Han tenido éxito en el 'mercadeo de su iglesia' y por medio de la acción misionera y los medios de comunicación han empezado a reproducirse fuera de los Estados Unidos y a influir sobre otras iglesias.

Hay un número creciente de iglesias posdenominacionales semejantes en otras partes del mundo. En Latinoamérica, por ejemplo, algunas provienen de movimientos carismáticos católicos que se han convertido en iglesias independientes que muestran en su predicación, estilo de vida y liturgia, algunas de las señales de la cultura de clase media católica de la cual proceden. Evitan el lenguaje y el estilo de culto de las iglesias evangélicas tradicionales lo mismo que algunas de las marcas de la subcultura evangélica como la manera de vestir o el lenguaje religioso. Su enseñanza pone énfasis en el bienestar y la prosperidad. Estas iglesias posdenominacionales se consideran un movimiento 'apostólico' enviado por Dios para renovar a su iglesia. Estas pretensiones hay que evaluarlas sobre la base de enseñanza bíblica y discernimiento teológico. Sin embargo, su capacidad para atraer a la gente que no va a otras iglesias plantea una cuestión misionológica que hay que tomar muy en serio en el mundo posmoderno y poscristiano.[10]

Tenemos que reconocer que los protestantes en general, y los evangélicos en particular, han puesto más énfasis en la *verdadera doctrina* como una marca decisiva de la verdadera iglesia, se han quedado cortos en su comprensión del *ritual* y el *símbolo,* como también de la *estructura eclesiástica,* y el papel que juegan en la formación de discípulos y la comunicación del evangelio. El énfasis evangélico

en la preservación de la integridad de la fe ha sido importante en la reciente historia de las misiones. Sin embargo
ha existido junto con ello un énfasis exagerado en la preservación de formas culturales de generaciones anteriores,
sin prestar adecuada atención a los cambios culturales.
Ha habido una tendencia a preservar convenciones sociales típicas de la clase media, estilos de culto que tuvieron
éxito en generaciones pasadas, música que acompañó los
avivamientos de los siglos precedentes, y hasta formas de
vestirse que fueron sancionadas como normas apropiadas.
Los misioneros han trasmitido a veces esta actitud a las
iglesias que surgieron en otras culturas, creando de esta
manera sus propias barreras que mantienen a las personas
alejadas de una confrontación honesta con el evangelio. Si
bien podemos ser críticos de algunas posturas teológicas
de las así llamadas 'iglesias apostólicas', podemos aprender de su capacidad para vencer las barreras y atraer personas de la generación posmoderna.

Viejas religiones y guerras fundamentalistas

Además de la nueva religiosidad tenemos que vérnoslas con
el resurgimiento de las viejas religiones. En las calle de las
grandes ciudades de países occidentales se puede ver hoy
la silueta de mezquitas musulmanas y templos hindúes
construidos no tanto como adornos exóticos para casinos
u hoteles, sino como lugares de adoración para comunidades que muchas veces tienen más celo misionero que los
cristianos. Con el fin de la cristiandad muchas sociedades
donde antes predominaba el cristianismo enfrentan hoy
el espinoso problema del pluralismo religioso. En Occidente los ideales protestantes y la práctica de la democracia y la tolerancia prepararon el camino al pluralismo. Las
naciones en las que predominan la Iglesia Católica o la

Ortodoxa tienen más dificultad para enfrentar al pluralismo. Todos los cristianos, sin embargo, nos enfrentamos a la necesidad de revisar nuestras actitudes, y la forma de apologética tiene que equipararse con el discernimiento espiritual.

Una de las tendencias más significativas de los últimos años ha sido el resurgimiento del islam, el cual ha venido a ser uno de los grandes desafíos misioneros de hoy. El islam es hoy una fe rival de la cristiana en Indonesia, en varios países africanos al sur del Sahara, en el Medio Oriente y hasta en el corazón de ciudades europeas o estadounidenses. En años recientes, Nigeria e Indonesia, países en los cuales el crecimiento del cristianismo o del islam tienen consecuencias políticas inmediatas, han visto repetidas veces confrontaciones entre cristianos y musulmanes. El ataque terrorista a las torres gemelas de Nueva York el 11 de Septiembre del 2001 no solo ha desatado dos guerras sino que ha planteado cuestiones de política internacional y tendencias culturales que van a afectar a la misión cristiana en las décadas venideras. Hay muchos cristianos hoy en día que quieren evitar una repetición de las cruzadas, pero pese al fin de la cristiandad y al pluralismo que Occidente reconoce, algunos líderes de naciones occidentales todavía caen en la tentación de usar la vieja retórica de las cruzadas para conseguir apoyo para sus guerras.

Como nunca necesitamos conciencia histórica. El islam fue una fe floreciente y conquistadora que en un siglo, desde el 630 hasta el 732, consiguió dominar buena parte del mundo mediterráneo desde el sur de Francia incluyendo la península ibérica, hasta los límites del imperio bizantino en lo que hoy es Turquía. Solo en 1492 los Reyes Católicos consiguieron completar la reconquista de la península ibérica. Entre 1095 y 1291 los cristianos europeos se lanzaron con entusiasmo religioso a las cruzadas para recuperar la Tierra Santa del dominio musulmán.

Toda una actitud combativa y militante frente al islam llegó a ser parte de la mentalidad dominante entre los cristianos. Dentro del marco de una mentalidad de cristiandad, y con el apoyo de la doctrina de la 'guerra justa', la misión cristiana en esa época vino a ser una 'guerra santa' contra los moros. En el ámbito de la cristiandad los cristianos como fuerza espiritual dominante y las iglesias como instituciones sociales privilegiadas impusieron la fe cristiana, muchas veces usando para ello los recursos del estado. En casos como el de España, judíos y musulmanes fueron expulsados y las minorías disidentes perseguidas también. Las ideas de libertad religiosa y tolerancia son relativamente recientes. El anuncio del carácter único y exclusivo de la salvación en Cristo fue entonces predicado desde una posición de poder. En el mundo de la poscristiandad este anuncio no puede hacerse por la fuerza ni por la coerción social. Estamos en deuda con Vinoth Ramachandra, teólogo evangélico en Sri Lanka, por su excelente libro *The Recovery of Misión* (Recuperando la Misión, publicado en 1996). Viviendo en un país donde los cristianos son minoría en un ámbito budista, Vinoth afirma el carácter único de la salvación en Cristo en diálogo con teólogos asiáticos que han adoptado una forma de pluralismo inclusivista. Lo hace con un fundamento bíblico y teológico respetable y convincente.

Una realidad más difícil de enfrentar es el fenómeno del fundamentalismo. Este término se acuñó para referirse a la reacción conservadora contra el liberalismo teológico entre los protestantes de los Estados Unidos, en las primeras décadas del siglo veinte. Lo que comenzó como un esfuerzo teológico para reformular y defender los fundamentos de la fe evangélica, cayó con el tiempo en lo que el teólogo evangélico Carl Henry describió como 'un temperamento áspero y un espíritu de desamor y contienda'.[11] Su postura anti-intelectual degeneró en un 'entusiasmo mórbido y enfermizo'. El término pasó entonces a usarse para referirse a un fenómeno cultural reaccionario, asociado con la defensa de una agenda política conservadora en los Estados Unidos, y con el racismo, el nacionalismo, un ciego anticomunismo y la carrera armamentista.

Cuando en la década de 1980 un islam resurgente tomó el poder en Irán, el término fundamentalismo empezó a usarse para referirse al fenómeno político religioso que se desencadenó en varias otras naciones del Medio Oriente y el Norte de África, fundamentalismo islámico. Fue alrededor de ese mismo tiempo que los fundamentalistas protestantes en los Estados Unidos volvieron a la prominencia política a través de la llamada 'mayoría moral'. Esta reacción contra la modernidad y el secularismo, desde una alianza conservadora de convicciones religiosas e intereses políticos es lo que hoy se conoce como fundamentalismo. Existe un fundamentalismo hindú en India, un fundamentalismo judío en Israel y los Estados Unidos y un fundamentalismo católico en España, México y Argentina. Otras religiones tales como el budismo, han tomado también formas fundamentalistas. Desde una perspectiva misionológica el problema es la confusión que esto puede generar. El fundamentalismo protestante, en la forma de alianzas político religiosas como los imperios de medios de comunicación de Pat Robertson y Jerry Falwell en los Estados Unidos, tiende a mezclar el evangelismo con la promoción de una variedad de causas políticas en diferentes partes del mundo.

Cabe preguntarse si después de los ataques terroristas del 11 de Setiembre en Nueva York la posición del islam es de mayor fuerza o de mayor debilidad. Los ataques y su secuela han revelado las divisiones dentro del islam respecto a la forma en que los musulmanes enfrentan la modernidad. ¿Habrá una mayoría de líderes del islam que con el tiempo se distanciarán de las tendencias fundamentalistas dentro de sus seguidores? Las primeras reacciones de intelectuales y líderes musulmanes en los Estados Unidos y Europa fue recalcar que el terrorismo suicida no era fiel a las enseñanzas del islam. Lo que es trágico desde la perspectiva de la misión cristiana es la conducta que han tenido países llamados cristianos frente a los musulmanes. Por otra parte debemos recordar que eventos horribles del siglo veinte como el Holocausto del pueblo judío y las matanzas del terror comunista no fueron perpetrados por musulmanes.

En la Consulta sobre Evangelio y Cultura que se desarrolló como parte del movimiento de Lausana, en 1978, hubo una sección especial acerca del islam. El documento final de la consulta, conocido como *Informe de Willowbank*, registra las preocupaciones de los participantes sobre este tema: 'Por una parte, se está dando un resurgimiento de la fe y la misión islámica en muchos lugares, por otra parte hay una nueva apertura al evangelio entre un número de comunidades cuyos lazos con la cultura islámica tradicional se están debilitando.' El documento recuerda a sus lectores la necesidad de reconocer características distintivas del islam que proveen una oportunidad única para el testimonio cristiano, y que "aunque hay en el islam elementos que son incompatibles con el evangelio hay también elementos con un cierto grado de lo que se llama 'convertibilidad'."[12] Luego, en vista de las difíciles situaciones del pasado se llega a una conclusión desafiante: 'El meollo de un sentido de responsabilidad evangelizadora hacia los musulmanes serán siempre la calidad del discipulado personal y corporativo, y el amor de Cristo que constriñe.'[13] Esto coincide con lo que he aprendido a lo largo de los años de misioneros evangélicos con experiencia en tierras musulmanas como William Miller, Dennis Clark, Margaret Wynne, Phil Parshall y más recientemente David Shenk. Ellos me han enseñado que la clave para la misión en el mundo musulmán es un respetuoso conocimiento en profundidad de la fe musulmana y también la humildad y la disposición al servicio modelada por la actitud de Jesús de tomar la cruz y sufrir. En un artículo publicado después del ataque del 11 de setiembre, el misionólogo Dudley Woodberry, quien fue misionero en Afganistán, Pakistán y Arabia Saudita, nos recuerda:

> Los cristianos necesitamos afirmar con los musulmanes que rechazamos muchos de los valores y resultados de la cultura occidental globalizada con su materialismo, consumismo, alcoholismo, uso de drogas, promiscuidad sexual, individualismo y arrogancia. La más alta lealtad de los cristianos es para con el Dios uno, y nos unimos a los musulmanes piadosos al afirmar los valores de la familia y la preocupación por los pobres y marginados.[14]

El sufrimiento de su hijo es un desafío a Dios.
El quebranto de la India es un desafío todavía
mayor para él. ¿Qué va a hacer Dios respecto
a su creación que es ahora algo tan horrible
y doloroso? Satanás usó al hombre y a la mujer
para contaminar la creación de Dios. Dios
responde enviando sus hombres y mujeres
—los misioneros— para empezar a restaurar
lo que ahora es algo tan horrible.

Con estas palabras Vishal Mangalwadi termina una de
sus *Cartas a un hindú posmoderno*. Estas cartas fueron
dirigidas a Aroun Shourie, un activista social que escribió un libro que es una crítica acerba contra la presencia
misionera cristiana en la India en el pasado y el presente.
Vishal es un evangélico indio, un reformador social y
escritor que vive en Mussourie, donde dirige la Asociación para la Asistencia Rural Integral. Entre las razones
por las cuales Shourie criticaba la misión cristiana estaba
el sufrimiento de su propio hijo de dieciocho años causada
por una herida en el cerebro. Shourie no puede reconciliar

ese sufrimiento con la existencia de un Dios compasivo y poderoso. En otro punto de sus cartas Vishal escribe:

> Yo soy uno de sus admiradores señor Shourie porque usted ha luchado de manera tan brillante contra la degeneración moral en la India. Sería trágico si usted también se rindiera ante el mal y se convirtiera en un verdadero budista llegando a la conclusión de que el mal y el sufrimiento no pueden combatirse porque son intrínsecos a este mundo. No, no debieran estar allí. Son contrarios a la voluntad de Dios. Por lo tanto, debemos luchar. Una implicación del punto de vista de que el sufrimiento es contrario a la voluntad de Dios es que podemos pedir la ayuda de Dios en la lucha contra él.[1]

Dios escoge y Dios envía

En el corazón mismo de la misión está la convicción bíblica de que Dios está activo en el mundo y activo en la historia por medio de personas a las cuales llama y envía como misioneros. En el momento de su conversión a Jesucristo, el famoso matemático y filósofo francés Blas Pascal escribió su célebre *Memorial*, el cual se halló en un pedazo de papel cosido a su chaqueta cuando murió. Decía: '¡Fuego! Dios de Abraham, Dios de Isaac, Dios de Jacob, no de los filósofos y los sabios...' Este contraste entre dos visiones de Dios que Pascal expresó y Vishal reitera de manera sencilla pero poderosa, apuntan al hecho de que los cristianos creen en un Dios que se ha revelado en la historia. Primero, un Dios que quiere ser conocido y no permanece escondido, en contraste con la idea de un Dios que se esconde en el misterio y al cual solo una élite puede acercarse. Segundo, un Dios que se ha revelado a sí mismo en eventos históricos y por medio de ellos, y de manera suprema en Jesucristo quien fue enviado como la más clara revelación de su amor y su propósito salvífico.

Este es el Dios que llamó a Abram de Ur y lo envió a una tierra desconocida y prometió que de ese hombre ya anciano y de su esposa nacería una nación, una familia humana que crecería hasta ser una nación por medio de la cual Dios quería bendecir a todas las familias de la tierra (Génesis 12.1–3). El propósito salvador de Dios era universal en su dimensión, pero a fin de cumplirlo escogió a un hombre y un pueblo. Por lo tanto, el Dios de Abraham y de Jesucristo no es el tótem local de un grupo que quiere favorecer a ese clan para su propio provecho, sino el Creador de la humanidad que quiere bendecir a todos los pueblos dentro de la familia humana. Para cumplir con este propósito universal, sin embargo, empieza con una familia. Este misterio de la elección, de que la bendición para todos requiera que se escoja a uno como el instrumento, es un escándalo para la lógica humana. Como Newbigin lo ha señalado de manera tan convincente, la lógica de la elección corresponde a la comprensión bíblica de los seres humanos que ve siempre la vida humana en términos de relaciones: 'No hay ni puede haber salvación privada, salvación que no nos involucra con otros. A fin de recibir la revelación salvadora de Dios tenemos que abrir la puerta al prójimo, a quien Dios envía como su mensajero comisionado.'[2]

Como hombre escogido por Dios, Abraham entra en un pacto con su Creador. Dios llama y Abraham oye el llamado y lo obedece: actúa por fe, creyendo que Dios hará lo que ha prometido. Por lo tanto, dice el apóstol Pablo, Abraham es padre de todos los que responden a Dios en actitud de fe, no solo de aquellos que son biológica o étnicamente descendientes: 'Abraham, quien es el padre que tenemos en común' (Romanos 4.16). ¿No es acaso significativo el hecho de que tres grandes tradiciones religiosas que han tenido un papel decisivo en la historia humana trazan su genealogía, es decir el curso de su existencia, a este acto de obediencia de Abraham? La fe de Abraham comprendía su disposición a andar en los caminos del Señor. Los descendientes de Abraham llegaron a ser una nación llamada constantemente a vivir una vida que ilustrara el propósito de Dios al crear a la humanidad, una vida de obediencia a la Ley del Señor. Tenían que ser un 'pueblo santo', en otras palabras, una nación 'separada'. Egipto habría de ser el horno en el que en medio del sufrimiento se forjaría la nación. Luego, después del éxodo, su liberación milagrosa, por medio de la cual llegaría a conocer a Dios como aquél que los liberó de la opresión y la injusticia, el peregrinaje en el desierto sería también una época formativa, antes de que llegaran a la posesión de la Tierra Prometida. La historia bíblica muestra que la nación fue en algunos momentos fiel y en otros fue infiel a su pacto con Dios. También muestra cómo hubo personas fieles de la nación que llegaron a ser bendición para otras naciones, como José en Egipto, Daniel en Babilonia, y Nehemías en Persia. Cuando la derrota militar y el exilio resultaron en la quiebra de la nación, los profetas siempre interpretaron la historia desde la perspectiva del propósito divino de bendición universal y su designio para Israel.

Dios es el Dios que escoge y envía. Los hombres y mujeres de la Biblia tales como Abraham y Sara, José, Moisés, Jeremías, Ester, Juan el Bautista, Pedro y Pablo, para mencionar solo a unos pocos, viven vidas marcadas por un claro sentido de haber sido *llamados y enviados*. Y por supuesto, Jesús, nuestro Señor, colocó su propia vida y ministerio dentro de esta perspectiva. Al comienzo de su misión, en la sinagoga de Nazaret, leyó el pasaje de Isaías: 'El Espíritu del Señor está sobre mí por cuanto me ha ungido … Me ha enviado …' (Lucas 4.18). Al acercarse al final de su vida Jesús dijo: 'Ahora vuelvo al que me envió …' (Juan 16.5). Después de haber resucitado de entre los muertos, comisionó a sus discípulos con estas palabras: 'Como el Padre me envió a mí, así yo los envío a ustedes' (Juan 20.21). Ser llamado y enviado por Dios está en la esencia de la misión. El biblista y misionero en la India Lucien Legrand nos lo recuerda:

> La palabra 'misión' puede enorgullecerse
> de tener una genealogía bíblica respetable.
> 'Misión' significa 'envío', idea expresada por
> la palabra griega *pempein*, 'enviar' (utilizada
> 79 veces en el Nuevo Testamento), y *apostellein*
> 'enviar o despachar' (usada 137 veces incluyendo
> las seis ocurrencias de *exapostellein*, en el
> sentido de envío). El 'misionero', aquél que
> es enviado, es el *apostolos* (79 veces), y la tarea
> del apóstol es el *apostolē* (4 veces).[3]

La misión a la que Dios envía a quienes ha escogido es siempre una 'misión imposible', que llega a ser posible solo porque Dios actúa a fin de cumplir sus propósitos. Esta es una línea que atraviesa toda la Escritura. Empezando con Abraham, aquél a quien Dios le ha proclamado que será padre de un gran pueblo, que tiene una esposa estéril y que cuando nace su hijo milagrosamente, él recibe la orden de sacrificarlo.[4] En momentos cruciales en sus vidas, José y Moisés, tanto como Pablo y Pedro, se ven confrontados por lo imposible de su misión. Jesús mismo nace por una obra milagrosa del Espíritu Santo. En su manera de narrar las historias la Biblia parece advertirnos contra actitudes triunfalistas que le den la gloria al agente humano. El más elocuente a este respecto es el misionero Pablo. Escribiendo a la iglesia que fundó en Corinto, en la cual parece que hay personas que cuestionan su autoridad, Pablo les recuerda que él no necesita cartas de recomendación porque los miembros de esa iglesia son ellos mismos sus cartas: 'Ustedes mismos son nuestra carta, escrita en nuestro corazón, conocida y leída por todos. Es evidente que ustedes son una carta de Cristo, expedida por nosotros, escrita no con tinta sino con el Espíritu del Dios viviente ...' (2 Corintios 3.2–3). Inmediatamente de esto Pablo clarifica: 'No es que nos consideremos competentes en nosotros mismos. Nuestra capacidad viene de Dios' (v. 5). Unos pocos párrafos más adelante escribe sobre la gloria del poder de Dios en acción y agrega: 'Pero tenemos este tesoro en vasijas de barro para que se vea que tan sublime poder viene de Dios y no de nosotros.' (2 Corintios 4.7). Toda la gloria ha de darse a Dios. Pablo evita glorificarse a sí mismo o a cualquier otro instrumento humano.

El entusiasmo y activismo misioneros pueden a veces llevarnos al punto de actuar como si la misión fuese una empresa puramente humana, sujeta a los cálculos humanos. Hace unos años, cuando un evangelista muy conocido iba a venir a una campaña de evangelización en la ciudad de Filadelfia, en Estados Unidos, donde yo vivía, una persona de su equipo que vino antes del evento, dijo durante una de las sesiones de capacitación: 'Estimamos que un porcentaje x de los asistentes tomarán decisiones, por consiguiente ...'. Tal enfoque estadístico resultó chocante a mis estudiantes latinoamericanos para los cuales el cálculo pragmático y tecnológico propio de la cultura estadounidense resultaba nuevo y escandaloso. Para mantener una actitud de alerta ante la iniciativa de Dios, la vida misionera debe incluir la disciplina de una continua sujeción al examen de la Palabra, a la contemplación de Jesús como modelo y a la dependencia del Espíritu Santo en oración. Cuando recuperamos una visión bíblica experimentamos esa actitud de sorpresa al ser invitados a entrar en el plan de Dios, lo cual tiene implicaciones más amplias que las de escoger una carrera o irnos en un viaje de recreo al extranjero. Experimentamos entonces el sentido de lo sagrado, del carácter distinto y único de Dios, y de nuestra propia inadecuación que nos lleva a decir como Moisés ante la zarza ardiente '¿Y quién soy yo?' (Éxodo 3.11), o la conciencia de nuestra pecaminosidad que nos lleva a exclamar como Simón Pedro, en cuyo barco se había subido Jesús: '¡Apártate de mí, Señor; soy un pecador!' (Lucas 5.8). O bien caemos en tierra y preguntamos igual que Saulo, cuando Jesús lo deslumbró con su luz en el camino de Damasco: '¿Quién eres, Señor?' (Hechos 22.8).

La obediencia y la desobediencia

Algunos salmos del himnario de Israel que recalcan la acción de Dios a favor de su pueblo, pueden parecer profundamente etnocéntricos. En los salmos de Sión, (por ejemplo 46, 48, 76, 84 y especialmente 87) hay una visión de que todas las naciones acuden a Jerusalén que llega a ser como el centro del universo, y pagan tributo a Israel. Pero hay también otros salmos que muestran una comprensión de las bendiciones para Israel como bendiciones que van a alcanzar a todas las naciones. Así, por ejemplo, el Salmo 67.1–2:

> Dios nos tenga compasión y nos bendiga;
> Dios haga resplandecer su rostro sobre nosotros,
> para que se conozcan en la tierra sus caminos,
> y entre todas las naciones su salvación.

Walter Kaiser nos recuerda que el lenguaje del Señor resucitado, respondiendo a la pregunta de sus discípulos acerca de Israel (Hechos 1.7–8), tiene ecos del lenguaje de este salmo:[5]

> Dios nos bendecirá,
> y le temerán todos los confines de la tierra.

Hay en los Salmos una cierta polaridad entre el sentido de privilegio de ser portadores de una bendición única y especial de Dios y el sentido de obligación de ser una luz para todas las naciones.[6] Cuando Israel fue al exilio, a vivir entre otras naciones, esa condición podría interpretarse como un medio usado por Dios para esparcir a su pueblo hasta los confines de la tierra, a fin de preparar el camino para la venida del Mesías. Cuando el evangelio de Jesucristo empieza a esparcirse por todo el imperio romano, el primer punto de contacto de los misioneros es la sinagoga judía, donde el pueblo se reúne alrededor de la Palabra de Dios. Esa Palabra ya había sido traducida al griego, que era por entonces el lenguaje común del imperio. En cierta manera el proceso misionero había empezado con el exilio judío.

De esta manera, en el Antiguo Testamento, tanto como en el Nuevo, a través de las páginas de toda la Escritura corre la auto-revelación de un Dios que quiere bendecir a todos los seres humanos porque ama a toda su creación y quiere salvar a todo ser humano. La compasión de Dios y su cuidado por toda la humanidad, tanto en juicio como en gracia, es la nota que marca las enseñanzas de los profetas y sin la cual no podemos entender ni la existencia de Israel ni la misión de Jesucristo. Pero a través de las páginas de la Escritura corre también la historia de una tensión dentro del pueblo de Dios. Se trata de la tensión entre el significado de su existencia misionera, en sí mismo, para ser una bendición a todas las naciones y los pueblos, y al mismo tiempo la tentación de un disfrute egoísta de las bendiciones de su posición privilegiada que rehusa ser obediente al propósito divino.

Lucas describe esta tensión tanto en su Evangelio como en el libro de Hechos. Así, por ejemplo, la fuerte denuncia de Jesús en la parábola de la higuera estéril (Lucas 13.1–9) viene como la culminación de una tensión creciente entre la religión establecida en Israel en ese momento y Jesús, quien es el cumplimiento de las promesas proféticas y quien, de manera irónica, es rechazado por los más religiosos. Lucas ubica este rechazo en el comienzo mismo del ministerio de Jesús en la sinagoga de Nazaret a la cual hemos hecho referencia. A Jesús se le ofrece el rollo de la Escritura y él lee una sección de la profecía de Isaías, una sección llena de un sentido de llamado y vocación por la misión:

> El Espíritu del Señor está sobre mí,
> por cuanto me ha ungido
> para anunciar buenas nuevas a los pobres.
> Me ha enviado a proclamar
> libertad a los cautivos
> y dar vista a los ciegos,
> a poner en libertad a los oprimidos,
> a pregonar el año del favor del Señor.
>
> Lucas 4.18–19

'Me ha ungido' y 'me ha enviado' son expresiones que se refieren al hecho de ser escogido, preparado, enviado, lo cual está en el corazón de la misión. Habiendo captado con su lectura la atención del pueblo, Jesús hace esta declaración solemne: 'Hoy se cumple esta Escritura en presencia de ustedes' (v. 21). El auditorio se manifiesta 'impresionados por las hermosas palabras que salían de su boca' (v. 22). Sin embargo, cuando Jesús empezó a recordarles que en el pasado Dios había escogido manifestarse a personas fuera de Israel, a fenicios y a sirios, un rechazo instantáneo y dramático siguió a sus palabras. A Jesús lo expulsaron del pueblo y lo quisieron matar (v. 29).

De la misma manera, como parte de la misma tensión, el rechazo de la salvación para los gentiles se manifiesta en la sinagoga de Antioquía de Pisidia (Hechos 13, especialmente los vv. 42–52). Este es el primer viaje misionero intencional en el cual la iglesia de Antioquía de Siria, en obediencia al llamado del Espíritu Santo ha enviado a Bernabé y a Saulo. Los dos apóstoles predican en la sinagoga mostrando de qué modo Jesús era el cumplimiento de las promesas de Dios a Israel. Tanto judíos como prosélitos fieles se manifestaron muy receptivos (v. 43), y una semana más tarde una gran multitud, 'casi toda la ciudad' (v. 44) se reunió para escucharlos. Sin embargo el relato sigue: 'Pero cuando los judíos vieron a las multitudes se llenaron de celos ...' (v. 45). Comentando este pasaje, Justo González dice: 'El texto no nos dice por qué estaban celosos pero uno sospecha que les perturbaba que lo que hasta ese punto había sido su propiedad exclusiva (que compartían con unos pocos prosélitos que se adaptaban a lo que ellos dijesen) estaba ahora a disposición de toda la ciudad.'[7]

En vista de la resistencia de los judíos, Pablo y Bernabé asumen la obediencia al propósito misionero de Dios, usando como paradigma una afirmación del profeta Isaías, citada en Hechos 13.47:

> Te he puesto por luz para las naciones,
> a fin de que lleves mi salvación hasta
> los confines de la tierra.

Para el apóstol Pablo y para Lucas, quien ofrece una narración de aquellos viajes, con esta actitud los judíos rechazaban la misión para la cual habían sido creados como pueblo. El propósito de Dios se estaba desarrollando ante sus ojos, sin embargo ellos 'se llenaron de celos' y querían limitar a Dios como si fuese la deidad del pueblo judío únicamente, su propio dios nacional.

Un exagerado sentido de separación y un deseo intenso de preservar la identidad cultural, una comprensión estrecha y etnocéntrica del propósito de Dios, una actitud conformista hacia la religión establecida, todos estos elementos pueden explicar el misterio de por qué Israel rechaza a

Jesucristo, no solo en la época del Nuevo Testamento sino también en los últimos dos mil años de historia. El libro de Hechos refleja bien hasta qué grado los factores culturales jugaron un papel importante en los tiempos del Nuevo Testamento. Dentro de la iglesia de Jerusalén es evidente que el contacto con 'el otro', con aquél que es diferente, les resulta insoportable a los judíos. Por ejemplo, le reprochan a Pedro porque en su primer viaje misionero en territorio gentil se juntó con hombres incircuncisos y comió con ellos (Hechos 11.1–4). De hecho, solo después de una tremenda lucha personal Pedro mismo pudo dar los pasos necesarios para ese viaje misionero en obediencia al propósito de Cristo (Hechos 10.9–20). Por otra parte, la iglesia de Antioquía, cuya composición étnica y cultural era mixta y diversa, y que estaba ubicada en una ciudad que era una encrucijada de rutas comerciales y culturales, cuyos líderes pasaban tiempo en adoración, oración y expectativa ante el Señor, fue la iglesia obediente al llamado de Dios y abierta a las sorpresas de la misión transcultural. Antioquía llegó a ser la base de los viajes misioneros iniciales del apóstol a quien se le había encomendado la evangelización de los gentiles.

La resistencia del pueblo de Dios a obedecer cuando son enviados ha sido evidente también en los dos mil años de historia cristiana. Los cristianos confiesan en sus credos y en su culto que creen en un Dios que ama tanto al mundo que ha enviado a su Hijo para revelar su amor y conseguir salvación para toda la humanidad. Sin embargo estos mismos cristianos frecuentemente no se preocupan mucho de lo que hay que hacer para demostrar ese amor y comunicar las buenas nuevas al mundo. Miles de iglesias se ocupan en su rutina de culto y de supervivencia, sin hacerse la pregunta, '¿Para qué nos ha colocado Dios como comunidad en este momento y en este barrio, en esta ciudad y en este país del mundo?'. Casi siempre aquellos que manifiestan un interés vital en la misión son una pequeña minoría en iglesias y denominaciones. Muchas veces en la historia iglesias grandes y poderosas desaparecieron por haber perdido su sentido de misión. Se identificaron tanto con su cultura que perdieron todo sentido de misión hacia ella, y la capacidad de ser proféticos en nombre de Jesucristo. Otras veces los absorbió tanto la rutina de sus propias necesidades e intereses que perdieron una visión de la necesidad de los demás, aquellos que estaban fuera de la iglesia, y para los cuales los creyentes podrían haber sido mensajeros de Dios.

Los historiadores recuerdan con tristeza que las iglesias del Norte de África, tan fuertes y poderosas en los siglos segundo y tercero, se identificaron demasiado con la cultura latina de la élite colonial de la cual formaban parte y no se preocuparon de evangelizar a la población berebere nativa ni de traducir la Biblia a su lengua. Permanecieron cómodos y aislados. La generación pionera se había mantenido firme valerosamente bajo la prueba de la persecución del imperio romano. Pero cuando el avance musulmán sometió a las nuevas generaciones a una persecución sutil, y los hizo ciudadanos de segunda categoría, no pudieron sobrevivir.

Vitalidad espiritual y misión

La misión existe porque Dios es un Dios misionero que envía a su pueblo para que sea bendición a toda la humanidad. Hay un lado humano de la misión que se percibe en el movimiento de personas en la recolección de fondos, en el desarrollo de organizaciones misioneras, en la plantación y crecimiento de nuevas iglesias que cruzan barreras geográficas y sociológicas. Sin embargo la misión empieza en el corazón de Dios, y es su iniciativa a la cual los seres humanos respondemos. Los cristianos debemos siempre llevar a cabo su misión en actitud de humildad y dependencia de Dios. Cuando las dimensiones humanas de la tarea misionera se engrandecen y se vuelven lo determinante en la forma de llevar a cabo la misión, ésta pasa a ser una actividad humana sin poder redentor.

En determinado momento de su carrera misionera, Pablo escribe '¿Y quién es competente para semejante tarea?' (2 Corintios 2.16), y más adelante, 'Tenemos este tesoro en vasijas de barro para que se vea que tan sublime poder viene de Dios y no de nosotros' (2 Corintios 4.7). Las paradojas que Pablo describe en sus cartas a los corintios (1 Corintios 9.16, 19–23; 2 Corintios 4.8–12) son evidencia de una actitud básica, de una espiritualidad nutrida por una percepción del propósito de Dios y del sentido de reverencia, privilegio, adoración, temor y temblor, de corazones humanos sensibles ante el hecho de la iniciativa divina en la misión.

El mensaje que los misioneros tienen para el mundo es un mensaje de Dios que envía a sus mensajeros para que toda la tierra escuche su voz. La buena nueva que los mensajeros llevan es que el Dios que creó este universo ama a su creación y llama a sus criaturas a reconciliarse con él. Es verdad que el evangelio es la buena nueva acerca de Jesucristo y que aparte de Jesucristo no hay evangelio. Pero ¿qué fue lo que Jesús mismo enseñó? ¿cuál fue el tema de su predicación y cómo explicó él su presencia? Tomemos el Sermón de Monte que para muchos es el gran resumen de la enseñanza de Jesús. Cada línea del mismo es acerca de Dios, a quien constantemente se refiere como a 'el Padre'. O tomemos las parábolas que mediante una variedad de imágenes y metáforas tienen un tema principal, el reino de Dios. En momentos cruciales de su ministerio, cuando afirma su identidad siempre lo hace en referencia a Dios. A mí siempre me conmueve mucho la narrativa de Lucas que describe a un Jesús gozoso recibiendo un informe de sus misioneros:

> En aquel momento Jesús, lleno de alegría por el Espíritu Santo, dijo: 'Te alabo, Padre, Señor del cielo y de la tierra, porque habiendo escondido estas cosas de los sabios e instruidos, se las has revelado a los que son como niños. Sí, Padre, porque esa fue tu buena voluntad. Mi Padre me ha entregado todas las cosas. Nadie sabe quién es el Hijo, sino el Padre, y nadie sabe quién es el Padre, sino el Hijo y aquel a quien el Hijo quiera revelárselo.'   Lucas 10.21–22

En estas palabras de Jesús vemos cómo un profundo sentido de misión está arraigado en la seguridad de una relación con Dios como Padre amoroso, y que tal seguridad viene de Dios por el Espíritu Santo. Este es uno de esos pasajes de los Evangelios que tiene un claro sentido trinitario y misionero, porque el fundamento bíblico de la misión es trinitario.

Esto explica por qué los grandes momentos de avance misionero han nacido en la cuna de un despertar espiritual, un avivamiento. Cuando por una visitación especial del Espíritu Santo los cristianos tienen un sentido renovado de la majestad, el poder y el amor de Dios, la gracia y compasión de Jesucristo y el fuego renovador del Espíritu Santo, el resultado es la renovación de una vocación misionera. Las iglesias que experimentan vitalidad espiritual son capaces de percibir la realidad del mundo y sus necesidades misioneras, de discernir la dimensión misionera de la verdad cristiana y de crear las estructuras misioneras que van a permitir que se realice la misión. Pentecostés es la primera instancia en la que ello ocurre y es importante notar que durante el siglo veinte la acción misionera más fuerte y más exitosa vino del vasto movimiento pentecostal. Para los pentecostales la experiencia descrita en Hechos 2 es una experiencia fundacional, un paradigma de cómo Dios continúa actuando en la renovación de su iglesia e impulsándola a la misión.

Sin embargo, no se necesita ser pentecostal para reconocer este paradigma del cumplimiento del propósito divino en la historia. Valdir Steuernagel, misionólogo luterano brasileño, ha escrito un libro sobre los modelos de obediencia misionera. En este libro muestra de qué manera ese paradigma funcionó en la iglesia primitiva, en el movimiento franciscano, y en la experiencia de los moravos que fue la cuna de las misiones protestantes. El metodista libre estadounidense Howard Snyder ha escrito varios libros ilustrando ese mismo principio, especialmente tal como funcionó en el movimiento metodista que fue una respuesta misionera a las necesidades de Gran Bretaña en los comienzos de la revolución industrial. Los metodistas y los moravos eran grupos espiritualmente despiertos, y su espiritualidad nutrió su visión y acción misionera. Su influencia se extendió a otros sectores del protestantismo y fue un instrumento en el desarrollo del movimiento misionero evangélico que dominó la escena misionera mundial desde mediados del siglo dieciocho hasta fines del siglo veinte. El movimiento de Lausana, con la perspectiva de una comunidad global, expresó su convicción ubicándose dentro de ese espíritu evangélico en el cual la conciencia del propósito misionero de Dios lleva a una actitud de adoración y a una entrega a la obediencia:

> Afirmamos nuestra fe en un solo Dios eterno,
> como Creador y Señor del mundo, Padre, Hijo
> y Espíritu Santo, que gobierna todas las cosas
> según el propósito de Su voluntad. El ha estado
> llamando del mundo un pueblo para Sí,

y enviando a Su pueblo al mundo como siervos
y testigos Suyos, para la extensión de Su Reino,
la edificación del cuerpo de Cristo y la gloria
de Su nombre. Confesamos con vergüenza que
a menudo hemos negado nuestro llamamiento
y fallado en nuestra misión conformándonos
al mundo o separándonos de él. Sin embargo,
nos regocijamos de que, aunque en vasos de
barro, el Evangelio sigue siendo un preciosos
tesoro. A la tarea de dar a conocer ese tesoro,
por el poder del Espíritu Santo, deseamos
dedicarnos de nuevo.

Pacto de Lausana, párrafo 1

Era un delicado poeta japonés, hijo de una familia rica, y hacia la mitad del siglo veinte llegó a ser famoso en su país como pacifista y líder de la reforma social. En su juventud la imaginación de Toyohiko Kagawa se sintió exaltada por el relato del joven carpintero, Jesús de Nazaret, y se convirtió en un ardiente discípulo cuya vocación de servicio lo llevó a ser misionero en los miserables bajos fondos de Shinkawa, barrio de Kobe. Sirviendo a los pobres, predicando, escribiendo poemas y yendo preso a la cárcel en razón de sus convicciones pacifistas, en un momento en que Japón se encaminaba hacia la guerra, Kagawa se convirtió en símbolo del cristianismo en su país.

Alrededor de esa misma época, un joven maestro mejicano con ideas revolucionarias decidió tomar en serio la fe evangélica que su padre adoptivo le había enseñado siendo niño. Se hizo seguidor de Jesús como maestro misionero en la escuela primaria de una remota villa. Gonzalo Báez-Camargo enseñó y escribió, estudió teología, se hizo traductor de la Biblia, y periodista famoso. Miles de mejicanos leyeron su versión contemporánea de la historia de Jesús en su columna diaria en el periódico *Excelsior*, el de mayor circulación en su país.

Algunos años después una joven mujer, nacida en Yugoslavia de una familia campesina albanesa consagró su vida a Jesús, se hizo monja y partió como misionera a la India. Después de diecisiete años como maestra, la madre Teresa se sintió llamada a servir a los más pobres de los pobres, adoptó vestimenta india, se nacionalizó y fundó la congregación de las Misioneras de la Caridad. Su servicio a la niñez, a los leprosos y a los mendigos que morían en las calles hizo un impacto en todo el mundo, y un creciente número de jóvenes siguieron su ejemplo. En 1979 recibió el premio Nobel de la Paz. Hombres y mujeres como estos fueron cautivados por Jesús, lo siguieron por el camino del servicio sacrificado, y dejaron una marca única en la historia del cristianismo del siglo veinte. La vida y los escritos de todos ellos siguen inspirando a nuevas generaciones de cristianos.

Jesús, las buenas noticias del evangelio

Se podría sintetizar la historia de la misión cristiana como la forma en que personas de miles de culturas e idiomas han llegado a conocer a Jesús, la forma en que el nombre de Jesús ha sido proclamado y honrado de país en país, de cultura en cultura, de lengua en lengua, de siglo en siglo. En la historia de la humanidad Jesús ha inspirado a artistas a escribir libros, a pintar cuadros, a componer música, de tal manera que en la memoria de millones de seres humanos hoy en día, provenientes de todas las razas, culturas y religiones, hay un lugar para Jesús. Hay un elemento de misterio en el modo en que Jesús de Nazaret sigue atrayendo a la gente, cautivando el corazón y la mente de una sorprendente variedad de personas en una impresionante variedad de lugares. Como testimonio del poder de Jesús para influir sobre las personas, consideremos el hecho de que la forma en que fechamos los acontecimientos tiene que ver con su ingreso en nuestro mundo y en nuestra historia. Cuando escribo estas líneas, vivo más de dos mil años después del nacimiento de Jesús, y la mayoría de las personas alrededor del mundo al fechar el tiempo de esta manera, sépanlo o no, reconocen ese hecho y de ese modo dan testimonio del impacto del carpintero de Nazaret sobre la historia de la humanidad.

En el momento preciso de la historia, o como dice el apóstol Pablo 'cuando se cumplió el plazo' (Gálatas 4.4), Jesús vino a la tierra. Jesús enseñó que el Padre lo había enviado, y el Evangelio según Juan destaca el hecho de que este envío de Jesús fue una expresión del amor de Dios para con la humanidad. De esta manera la médula del evangelio se encuentra encapsulada en el famoso versículo que Lutero consideraba el evangelio en miniatura: 'Tanto amó Dios al mundo, que dio a su Hijo unigénito …' (Juan 3.16). La oración sacerdotal de Jesús por sus discípulos (Juan 17) está saturada de una clara comprensión de que él mismo *había sido enviado,* como también de que él mismo *enviaba* a sus discípulos al mundo como misioneros. Jesús fue enviado por Dios Padre y él fue el mejor misionero que tuvo Dios, el verdadero modelo para la misión cristiana. Jesús es el Cristo, el 'ungido' que el Dios misionero prometió como su misionero por excelencia, el 'Mesías' a quien el pueblo de la Biblia esperaba. Es por esto que nosotros hemos llegado a conocerle como Jesús 'el Cristo' o Jesucristo.

Jesús el misionero sigue inspirando a la gente a hacerse misionera de un modo particular. En diversas culturas y pueblos el impacto de la vida de Jesús sigue inspirando voluntarios a la realización de acciones de coraje al servicio de Dios y de sus semejantes. En su diálogo con un interlocutor hindú sobre religión, el ya citado escritor indio Vishal Mangalwadi recuerda a su corresponsal que los 'misioneros han acudido a lugares remotos, hostiles y peligrosos del mundo y han conquistado a sus enemigos'. Se pregunta por qué no hay ningún voluntariado semejante entre la juventud hindú: '¿Por qué es que el nacionalismo hindú no produce un voluntariado que luche contra el sufrimiento moral y físico? ¿Por qué es que el noventa y siete por ciento de los voluntarios con la madre Teresa son extranjeros?' Su propia respuesta es tanto elocuente como convincente: 'El conocer, amar y servir a un Dios personal y trascendente está a la raíz de todo el voluntariado occidental. Los misioneros constituyen generalmente la expresión más heroica de ese voluntariado, porque le entregan toda su vida.'[1] El escritor mismo es un misionero entre su propio pueblo en la India.

Si Jesús sigue inspirando a las personas es porque su historia se transmite constantemente por medio de la predicación, la distribución de la Biblia, de películas, videos, música y diversas formas de arte. Esta transmisión de la historia de Jesús ocupa el centro de la actividad misionera. En la práctica misionera evangélica una de las primeras cosas que comprende la tarea entre quienes nunca han oído el evangelio consiste en traducir uno de los Evangelios a la lengua de dicho pueblo. Esta aproximación coincide con el enfoque de la misión cristiana más antigua. La proclamación de la historia de Jesús fue lo que dio impulso a la predicación apostólica después de Pentecostés tanto a auditorios judíos (Hechos 4.8–12) como a interesados gentiles (Hechos 10.34–43). Jesucristo era, también, lo central de las cartas apostólicas a las jóvenes iglesias que iban surgiendo en el primer siglo (1 Juan 1.1–4), como asimismo de la predicación y la enseñanza del apóstol Pablo (1 Corintios 15.1–8). Pablo lo expresó muy claramente en relación con su propia práctica misionera y la de los apóstoles 'no nos predicamos a nosotros mismos sino a Jesucristo como Señor' (2 Corintios 4.5). Pedro enfatizó que su mensaje y el de los demás apóstoles no era ficción literaria ni un invento, sino el testimonio de su experiencia con Cristo (2 Pedro 1.16–21). Solamente en Cristo y en ningún otro nombre hay salvación.

El Pacto de Lausana ofrece un útil sumario del evangelio en su cuarto párrafo acerca de la naturaleza de la evangelización: 'Evangelizar es dar a conocer las buenas noticias de que Jesucristo murió por nuestros pecados y fue levantado de entre los muertos de conformidad con las Escrituras, y que como el Señor que reina ahora ofrece el perdón de los pecados y el don liberador del Espíritu a todos los que se arrepienten y creen.'

El Manifiesto de Manila de 1989 sintetiza el evangelio en la sección 'Buenas noticias para hoy'. Esta síntesis expresa muy bien buena parte de la práctica y la reflexión misionera evangélica sobre el evangelio en el plano global que se llevó a cabo en los quince años que siguieron a la redacción del Pacto de Lausana:

> Nos regocijamos porque el Dios viviente no nos abandonó a la soledad y la desesperación. En su amor salió a buscarnos en Jesucristo a fin de rescatarnos y rehacernos. De modo que las buenas noticias se centran en la persona histórica de Jesús, el que vino proclamando el reino de Dios y viviendo una vida de humilde servicio, que murió por nosotros, haciéndose pecado y maldición en nuestro lugar, y a quien

Dios vindicó al levantarlo de los muertos. A quienes se arrepienten y creen en Cristo, Dios concede participación en la nueva creación. Nos da nueva vida, la que incluye el perdón de nuestros pecados y el poder transformador de su Espíritu que mora en nosotros. Nos recibe en su nueva comunidad, la que consiste en pueblos de todas las razas, naciones y culturas. Y nos promete que un día ingresaremos en su nuevo mundo, en el que el mal será abolido, la naturaleza será redimida y Dios reinará para siempre.

Párrafo 4

Por lo menos cuatro elementos en esta declaración tienen importancia desde la perspectiva de la misión cristiana. El primero es la referencia al hecho histórico de Jesús, su enseñanza y su estilo de vida. El segundo es la referencia a su muerte y resurrección y su significado para todos los seres humanos. El tercero es la referencia a la respuesta personal que se requiere de quienes oyen las buenas noticias acerca de Jesús. El cuarto es la referencia a las consecuencias que siguen para quienes responden a las buenas noticias.

En relación con el primer elemento, Jesús sigue atrayendo e inspirando a personas en todas partes del mundo. Incluso en medio de los cambios culturales a los que he hecho referencia en capítulos anteriores, la persona de nuestro Señor sigue cautivando mentes e imaginaciones. Las escenas de la vida de Jesús y sus relatos y dichos en los cuatro Evangelios siguen atrayendo a miles de lectores. Por ejemplo, en la Feria del Libro en El Cairo, la segunda feria de libros más importante del mundo, los Evangelios se encuentran siempre entre los éxitos de librería y de atracción especial para la gente joven. Igualmente, Jesús sigue inspirando a grandes escritores, tales como el premio Nóbel portugués José Saramago, o el director de cine Mel Gibson, aunque uno no esté de acuerdo con sus interpretaciones. Vinoth Ramachandra de Sri Lanka llama nuestra atención a la forma en que Jesús es percibido en estos tiempos de crítica feminista del tradicional dominio machista en muchas culturas: 'Muchas mujeres ven en él a un hombre que se liberó del prevaleciente chauvinismo de su sociedad, y se sentía cómodo en la compañía de las mujeres. Les mostró respeto no solo enseñándoles e invitándolas a ministrarle a él, sino asociándose frecuentemente con las más despreciadas entre ellas, arriesgando así su reputación como rabino-profeta.'[2] Me sentí avergonzado hace algunos años cuando una ama de casa de la iglesia en cuyo equipo pastoral yo servía, me confrontó con la importancia de estos hechos. Allí están, registrados en los Evangelios, pero en muchas partes las iglesias han perdido la memoria de ellos, tal vez debido a la renuencia a actuar sobre la base de las consecuencias que se siguen de considerar el ejemplo de Jesús.

Cuando considero los interrogantes planteados por una cultura posmoderna, mi propia experiencia evangelística de décadas de comunicar el evangelio a la gente joven me lleva a estar de acuerdo con Howard Snyder en que, después de todo, es posible que Jesús encaje mejor en las sensibilidades posmodernas que en los puntos de vista moderno o premoderno. En un libro acerca de la posmodernidad en América Latina desafié a mis lectores a considerar que frecuentemente nuestra predicación y enseñanza evangélicas hacían aparecer a Jesús más como un rígido maestro de escuela, o como un solemne profesor de teología, que como lo que era: un predicador ambulante que narraba sus historias al aire libre. Snyder sintetiza bien la cuestión: 'La perspectiva moderna en sus diversas formas rehízo a Jesús a su propia imagen: como filósofo, poeta, filántropo o legislador. Afortunadamente la posmodernidad destruye estas perspectivas antiguas, y así muy posiblemente hace que Jesús resulte más accesible y comprensible que nunca antes.'³ Sí, *la persona histórica de Jesús,* que vino proclamando el reino de Dios y viviendo una vida de humilde servicio sigue atrayendo a toda clase de personas en todo tipo de culturas.

Es en relación con el segundo y el tercer elementos de la declaración citada arriba donde se plantean más cuestiones polémicas. Las afirmaciones son que *Jesús murió por nosotros, haciéndose pecado y una maldición en nuestro lugar,* que *Dios lo vindicó al levantarlo de entre los muertos,* y que, en consecuencia, *a quienes se arrepienten y creen en Cristo, Dios concede una participación en la nueva creación.* Muchos admiradores confesos de Jesús encuentran difícil creer que la muerte de este maravilloso y subyugante predicador y profeta pueda tener algo que ver con nuestra propia necesidad de arrepentirnos de nuestros pecados y aceptar el don de Dios de la vida eterna. Es lo que el apóstol Pablo llamó la locura de la predicación: 'Nosotros predicamos a Cristo crucificado. Este mensaje es motivo de tropiezo para los judíos, y es locura para los gentiles' (1 Corintios 1.23). Y muchas personas considerarían una inaceptable imposición el que debido a su resurrección Jesucristo tiene derecho a ser el Señor de nuestra vida, de tal modo que nosotros tenemos que renunciar a cualquier otro amo, sea el orgullo intelectual, el amor a los placeres, la lujuria del poder, el prejuicio racial, o la superioridad espiritual. Incluso quienes se han criado en una sociedad o familia cristianizada a veces encuentran difícil resolver la cuestión de su necesidad personal de un Salvador y Señor.

Consideremos una de las breves afirmaciones de Jesús acerca de su persona y su vocación: 'El Hijo del hombre no vino para que le sirvan, sino para servir y para dar su vida en rescate por muchos' (Mateo 20.28). Muchos admiradores e incluso imitadores de la actitud de servicio de Jesús rechazan la idea de que necesiten ser redimidos de la esclavitud al pecado y la condenación. John Stott es el teólogo que mejor ha expuesto este aspecto del evangelio:

> Lo que anuncia el evangelio, de conformidad con el Nuevo Testamento, no es solo lo que Cristo ofrece a la gente en el día de hoy, sino lo que hizo una vez en la historia para que dicho ofrecimiento fuese factible. El evangelio apostólico vincula el pasado con el presente, el entonces con el ahora, el acontecimiento histórico con la experiencia contemporánea. No solo declara que Jesús salva, sino que murió por nuestros pecados y que fue levantado de la muerte, con el fin de salvarnos. El evangelio no se predica si se proclama el poder salvífico y por otra parte se omiten los hechos salvíficos, particularmente la cruz.[4]

El cuarto elemento del Manifiesto de Manila tiene que ver con los dones de Dios para quienes aceptan su oferta de salvación por medio de Jesucristo. Estos les son dados a los creyentes que aceptan el privilegio de comprometerse con lo que Padre, Hijo y Espíritu Santo están haciendo en el mundo como motivación para una vida cristiana gozosa y entusiasta. En América Latina miles de personas han llegado a encontrarse con Jesús como Salvador y Señor porque primeramente experimentaron el regalo de la aceptación en una iglesia local y la pertenencia a una nueva familia. Pero también conozco a muchos que se niegan a seguir a Jesús porque hacerlo significaría aceptar como hermanos y hermanas a gente de las clases sociales más bajas, o compartir con los pobres las bendiciones materiales de que disfrutan. Otros no han experimentado todavía la vida abundante a la que han sido llamados porque se han acostumbrado a vivir su vida eclesiástica como una rutina semanal formal en la que no hay compromiso con los asuntos reales de la vida. El discipulado cristiano y el crecimiento espiritual tienen que ver con el desenvolvimiento del propósito de Dios que brota de su amor para cada uno de nosotros, y que incluye nuestra participación en su misión.

La conversión a Cristo

La mayor parte de la actividad misionera protestante durante los siglos diecinueve y veinte procedía de los movimientos evangélicos cristo-céntricos que asociamos con el pietismo y los moravos en Europa Central, y los avivamientos espirituales en el mundo de habla inglesa. Las buenas noticias que los misioneros evangélicos proclamaban estaban centradas en la persona y la obra de Jesucristo. El teólogo Alister McGrath nos recuerda que la actitud evangélica es radicalmente cristo-céntrica. En consecuencia, la misión evangélica también era cristo-céntrica. McGrath relaciona esto con el elevado concepto sobre las Escrituras que sostienen los evangélicos: 'La cristología y la autoridad de las Escrituras están inextricablemente ligadas, por el hecho de que es la Escritura, y la Escritura sola, lo que nos acerca al conocimiento verdadero y salvador de Jesucristo.'[5]

Un aspecto importante de la convicción evangélica centrada en Cristo, que dio forma a la misión evangélica, es la de que juntamente con una proclamación del evangelio de Jesús y su mensaje hay un claro llamado a la obediencia y el compromiso, porque lo que Dios ha hecho para los seres humanos en Cristo exige una respuesta de fe. Se trata de un énfasis que distingue a los evangélicos de otros cristianos. En la década de 1980 se dio un diálogo sostenido entre evangélicos y católicos romanos acerca de la misión, en el que los participantes descubrieron mucho terreno en común.[6] No obstante, el informe sobre este diálogo da muestras de una cierta tensión, reflejada en una tajante frase en la sección sobre las bases bíblicas de la misión: 'Aunque ambos lados afirman que la iglesia peregrina es misionera por naturaleza, su actividad misionera es entendida de manera diferente.' Prosigue a explicar la posición católica siguiendo la definición de la iglesia que dio el Vaticano II como 'sacramento de salvación ... *señal y promesa de redención para toda persona sin excepción'.* Luego el informe explica que la mayoría de los evangélicos tienen una posición contrastante:

> La iglesia es el comienzo y el anticipo de la nueva creación, el primogénito de las criaturas de Dios. Aunque todos mueren en Adán, *no todos están incluidos automáticamente en Cristo.* Así pues es necesario que éste sea recibido, por su gracia, con arrepentimiento y por medio de la fe. *Con vivo anhelo los evangélicos invitan a responder a la obra reconciliadora de Cristo en su muerte y resurrección.* Pero con dolor saben que no todos los que son llamados han sido escogidos. Esta convicción se refleja luego en la actividad misionera: 'La evangelización consecuentemente es *el llamado a los que están fuera a entrar,* como hijos del Padre, a la plenitud de la vida eterna en Cristo por su Espíritu, y al gozo de la comunión fraterna en la iglesia.'[7]

Este llamado a la conversión es crucial para la misión evangélica. Un encuentro personal con Jesucristo cambia a las personas. A veces se trata de un cambio radical, y hay en este concepto de la conversión un componente de transformación moral. Podría decirse que en buena parte de la práctica misionera evangélica se ha mantenido una cierta tensión. Por una parte existe un pesimismo acerca de la naturaleza humana, que se deriva de la enseñanza bíblica tocante a los seres humanos recuperada por la Reforma, en contraste con la idea católica de que los seres humanos pueden conseguir su propia salvación o adquirir méritos para lograrla. El pietismo, Wesley y otros líderes evangélicos retuvieron aquella perspectiva reformada y también se mostraron escépticos en cuanto al creciente optimismo de la modernidad ilustrada, sobre la capacidad humana para lograr un orden social perfecto. Pero había también en ellos cierto optimismo en cuanto a la gracia de Dios y su poder regenerador y transformador que se convirtió en una marca de la predicación evangelizadora y de los esfuerzos evangelizadores en la misión. Esta tensión o equilibrio se hace evidente igualmente, por ejemplo, en la evangelización pentecostal en América Latina, en la que se rechazan las prácticas de la religión popular consistente en aplacar a Dios o ganar su favor, a la vez que se acepta con entusiasmo el poder transformador del evangelio. Las prácticas religiosas humanas no tienen poder alguno para proporcionar salvación a los seres humanos, pero hay poder en la sangre de Jesucristo para regenerar a las personas mediante el poder del Espíritu Santo.

Los misioneros evangélicos en países que son nominalmente cristianos o donde otras religiones son dominantes han sido criticados por su énfasis en la conversión. Los musulmanes en África, como los católicos romanos en América Latina, acusan a los evangélicos de obrar en contra de la integridad cultural del pueblo cuando lo instan a la conversión. Un grupo unido de la Alianza Evangélica Mundial y la comisión de Lausana que se reunió para considerar este tema en 1988 terminó emitiendo 'El llamado de Hong Kong a la conversión', que expresa claramente:

La conversión significa volverse del pecado a Cristo con arrepentimiento y fe. Mediante esta fe los creyentes son perdonados y justificados y adoptados en la familia de los hijos y herederos de Dios. En este proceso de volverse, el Espíritu Santo los invita hacia Cristo crucificado y resucitado, y los impulsa a morir a los deseos pecaminosos de su vieja naturaleza para liberarse de la esclavitud satánica y convertirse en nuevas criaturas en Cristo. Se trata del paso de la muerte espiritual a la vida espiritual, lo que la Escritura llama regeneración o nuevo nacimiento (Juan 3.5). [8]

Dado que la misión frecuentemente se da dentro de un marco de acción transcultural, es importante prestar atención a las formas de evangelización y conversión que parecerían incluir la imposición de patrones culturales foráneos a los receptores del evangelio. El Pacto de Lausana contenía una advertencia, para recordarnos que 'con mucha frecuencia las misiones han exportado una cultura extraña junto con el evangelio, y las iglesias han estado a veces esclavizadas a la cultura más bien que a las Escrituras' (párrafo 10). El 'Llamado de Hong Kong' ofrece un recordatorio más específico de que "hay una discontinuidad radical en todas las conversiones, en el sentido de que el converso 'se [convierta] de las tinieblas a la luz, y del poder de Satanás a Dios' (Hechos 26.18)". Con todo, también procura dejar en claro que "la conversión no debería 'desculturizar' a los conversos. Deberían mantenerse como miembros de su comunidad cultural, y donde sea posible retener sus valores que no sean contrarios a la revelación bíblica. En ningún caso deberían los conversos ser obligados a 'convertirse' a la cultura del misionero extranjero."[9]

Un modelo cristológico para la misión

Si Cristo ocupa el centro del evangelio y de la actividad misionera, la manera en que cumplió su acción como misionero de Dios se vuelve también un modelo para nuestra vida y misión. René Padilla ha expresado muy bien una perspectiva evangélica recuperada mediante una lectura renovada de los Evangelios: 'Jesucristo es el misionero de Dios por excelencia, y él incorpora a sus seguidores en su misión.'[10] Tal como la encontramos en los Evangelios, la misión de Jesús incluye la idea de *pescar para el reino*, o, en otras palabras, el llamado a la conversión a Jesucristo, quien es el camino, la verdad y la vida. La conversión a Jesús se yergue como el fundamento sobre el cual se edifica la comunidad cristiana.

La misión también incluye la *compasión* como resultado de la profunda preocupación por las multitudes y sus necesidades. No es ni un brote de emoción sentimental ni una opción académica por los pobres, sino la realización de acciones de servicio concretas e intencionales con el fin de alimentar a la multitud con pan *para* la vida, además de compartir el Pan *de* vida. La misión incluye la *confrontación* entre los poderes de la muerte y el poder del Siervo Sufriente; de este modo el sufrimiento se convierte en una marca de la misión mesiánica de Jesús, y un resultado de esta lucha de poderes, y también de la injusticia humana. Mediante la obediencia contextual creativa la misión de Jesús se transforma en una fértil fuente de inspiración, por cuanto contiene la simiente de nuevos modelos que se exploran en la actualidad, basados en la práctica y la reflexión. Se trata de modelos que comprenden un estilo sencillo de vida, una misión integral, la sensibilidad por la unidad de la iglesia para la misión, el modelo del reino de

Dios como paradigma misionológico, y el conflicto espiritual que comprende la misión.

En la encarnación, crucifixión y resurrección de Cristo tenemos un modelo que da su forma a la misión que se lleva a cabo en el nombre de Cristo. El paradigma cristológico de la misión que encontramos en los Evangelios es encarnacional: 'El Verbo se hizo hombre y habitó entre nosotros' (Juan 1.14). La misión de Jesús se llevó a cabo dentro de las limitadas realidades de un tiempo y un espacio dados. Como lo confesamos en el Credo, padeció bajo Poncio Pilato, declaración que comprende una fecha y un lugar geográfico. John Stott nos recuerda que 'el Hijo no se quedó en la segura inmunidad de su cielo, remotamente lejano del pecado y la tragedia humanos. Él ingresó efectivamente en nuestro mundo. Se vació a sí mismo de su gloria y se humilló para servir'[11]. El testimonio de los Evangelios nos permite ver la humanidad de Jesucristo, la estructura social y las realidades económicas en las que vivió, enseñó y ministró. Solamente prestando la debida atención a estos aspectos podemos comenzar a entender el contenido y la dirección de su enseñanza. ¿Por qué habría Dios de hacer nacer a Jesús entre animales, en un pesebre? ¿Por qué habría Jesús de llamar como sus discípulos a personas tan dispares como Leví el cobrador de impuestos, o el guerrillero Simón Celote? ¿Por qué contaría Jesús historias en las que los buenos eran los samaritanos?

Si los misioneros toman en serio en nuestros días el modelo encarnacional de Jesús dentro de las realidades sociales y estructurales de nuestro tiempo y espacio, la misión no se ha de llevar a cabo desde una plataforma de poder y privilegio, como tampoco se diluirá el evangelio a fin de hacerlo más aceptable para ricos y poderosos. Nuevamente es John Stott quien lo expresa bien:

> [Ahora] Cristo nos manda a nosotros al
> mundo, así como el Padre lo mandó a él al

mundo (Juan 17.18; 20.21). En otras palabras,
nuestra misión se ha de modelar en la de él.
Más aun, toda misión auténtica es una misión
encarnacional. Exige la identificación sin
pérdida de la identidad propia. Significa entrar
en el mundo de los demás, así como él entró en
el nuestro, aunque sin comprometer nuestras
convicciones, valores o normas cristianos.[12]

Viv Grigg es un neocelandés que fue como misionero
a las Filipinas. Al principio vivió en un barrio de clase
media en Manila, donde viven la mayoría de los misioneros occidentales. Cierto día se mudó a Tatalon, una de
las zonas más empobrecidas de la ciudad, inspirado por
los Evangelios y también por los relatos de Francisco de
Asís y Toyohiko Kagawa. La experiencia encarnacional
de Grigg entre los pobres le abrió un mundo de entendimiento bíblico que no había visto antes. La experiencia
le planteó preguntas que lo obligaron a ir de nuevo a la
Biblia y quedó sorprendido por las constantes referencias
al amor y la preocupación de Dios por los pobres. Grigg
ha escrito un excelente libro breve de narrativa y estudio
bíblico titulado *Siervos entre los pobres*[13] que he utilizado
como libro de texto. Mis estudiantes de diferentes nacio-
nalidades siempre lo encuentran desafiante e iluminador.

La misión de Jesús estuvo marcada por la cruz, lo cual
también apunta hacia un espíritu de servicio sacrificado
claramente definido en sus palabras ya citadas: 'El Hijo
del hombre no vino para que le sirvan, sino para servir
y para dar su vida en rescate por muchos' (Mateo 20.28).
Esta declaración tiene su equivalente en muchos relatos
de los Evangelios en los que vemos a Jesús sirviendo a los
necesitados y poniendo de manifiesto un ejemplo sin par
de un estilo de vida humilde y sacrificado. Recordamos
de las páginas de los Evangelios los relatos sobre Jesús

cuando sana a los leprosos tocándolos, presta atención a un ciego a la vera del camino, dedica tiempo a levantar niños en brazos y bendecirlos, enseña pacientemente a las multitudes hambrientas, lava los pies de sus discípulos la noche antes de la pasión. No cabe duda de que los autores de los Evangelios eligieron esos relatos para comunicar el modo en que las acciones de Jesús se correspondían con sus palabras tocantes a un espíritu de servicio. Las raíces del enfoque de servicio se encuentran en el mensaje del profeta Isaías acerca del Siervo Sufriente, y luego las vemos desarrolladas en la elaboración teológica de la cristología de Pablo, Pedro, Juan y otros escritores apostólicos.

Esta referencia a un estilo misionero marcado por la cruz se ha llegado a entender como un correctivo de cualquier forma de triunfalismo, y consiguientemente es tomada con seriedad por muchos evangélicos en todo el mundo.[14] El desplazamiento de la atención hacia la versión de la Gran Comisión según Juan condujo a una nueva apreciación de la humanidad de Jesucristo y la importancia de su estilo de misión encarnacional. Se trataba de una fuente fértil de evaluación y autocrítica en el seno de la empresa misionera evangélica. Se la encuentra como tema en el Pacto de Lausana y como clave hermenéutica en varios documentos producidos posteriormente por el movimiento de Lausana y la Alianza Evangélica Mundial.

La misión según el modelo de Jesús es, también, misión llevada a cabo en el poder de la resurrección, por el don del Espíritu Santo. En las cuatro versiones de la Gran Comisión es el Cristo resucitado el que envía a los discípulos a cumplir su misión. La autoridad que constituye la base para la actividad del misionero es la autoridad del Señor Jesucristo, quien dijo: 'Se me ha dado toda autoridad en el cielo y en la tierra. Por tanto, vayan ...' (Mateo 28.18–19). El apóstol Pablo desarrolló su doctrina acerca de la naturaleza del poder y la autoridad del misionero en su segunda epístola a los corintios, en la que hay numerosas referencias a su propio estilo misionero además de afirmaciones teológicas en cuanto a su base cristológica (por ejemplo 2 Corintios 3.1–6; 4.5–14; 10.1–6). Aparece en abierto contraste con el estilo y el método misioneros que se desarrollaron posteriormente en la historia del cristianismo. En el punto más negativo de la misión constantiniana la autoridad de los misioneros se concebía como procedente de los reyes y las reinas de las naciones conquistadoras, y de este modo, como hemos visto en el segundo capítulo de este libro, llegó a tener como base el poderío militar, económico o tecnológico en lugar del poder de la resurrección.

Un aspecto clásico de la espiritualidad cristiana, la imitación de Cristo, o *imitatio Christi*, ha adquirido ahora una dimensión misionológica. En el contexto de las tensiones sociales y políticas en lugares tales como Sudáfrica, América Latina, y el mundo de las minorías étnicas en los Estados Unidos, la imitación de Cristo estaba relacionada con el sufrimiento y el martirio por amor al evangelio. Estamos en deuda para con algunas formas de la teología de la liberación por habernos recordado que los relatos de los Evangelios sobre la pasión y muerte de Jesús efectivamente dan cuenta de las dimensiones sociopolíticas del ministerio profético de Jesús. La dura crítica de Jesús a la hipocresía de los líderes religiosos y políticos tales como los fariseos, y a las transacciones comerciales de los saduceos en el templo de Jerusalén, era un servicio que tenía connotaciones políticas. Jesús fue condenado a muerte porque se volvió peligroso para la clase dirigente religiosa y política. En el curso de la historia reciente muchos misioneros han sido asesinados o sometidos a torturas o a prisión porque ellos también se volvieron políticamente peligrosos, aun cuando su motivación no era otra que la de servir a los pobres con un espíritu de imitación de Cristo. Jesús se refirió a esta dimensión de sacrificio de sí mismo cuando nos enseñó que 'si el grano de trigo no cae en tierra y muere, se queda solo. Pero si muere, produce mucho fruto' (Juan 12.24). Estaba hablando de sí mismo pero a la vez advirtiéndonos acerca del costo del discipulado.

Para los evangélicos, sin embargo, está claro que la cristología bíblica incluye también una inequívoca referencia a la obra expiatoria de Jesucristo en la cruz y a la necesidad de que toda persona responda a ella. En este sentido la muerte de Cristo tiene carácter único y ninguna otra muerte puede igualarla jamás. Como hemos visto, este concepto es central para el evangelio. En consecuencia, *no puede haber una imitación de Cristo en el sentido bíblico sin un nuevo nacimiento.* Así, por ejemplo, René Padilla, en su comentario sobre la cristología de la liberación del teólogo jesuita Jon Sobrino, acepta el concepto basado en el examen de los textos de los Evangelios de que la muerte de Jesús fue un resultado histórico del tipo de vida que vivió, y que sufrió por la causa de la justicia y nos desafía a hacer lo propio. Pero Padilla también nos advierte que debemos tener presente que 'a menos que la muerte de Cristo también sea vista como la graciosa provisión de Dios en una expiación por el pecado, se elimina la base para el perdón y los pecadores quedan sin esperanza de justificación ... La salvación es por gracia mediante la fe y ... nada debería quitarle mérito a la generosidad de la misericordia y el amor de Dios como base de una gozosa obediencia al Señor Jesucristo.'[15]

Al considerar el estilo misionero modelado por Jesús y el significado de su muerte y resurrección también nos enfrentamos con el carácter único de su persona y su obra, las que no podemos menos que reconocer como una escandalosa verdad, una desconcertante realidad. Vemos en los relatos evangélicos que se trataba de algo sorprendente para sus propios contemporáneos, y sigue siendo un desafío para la lógica humana en estos tiempos de plu-

ralismo religioso. El teólogo de Sri Lanka Vinoth Ramachandra ha planteado la cuestión claramente:

> Junto a la postura modesta y mansa que
> Jesús demuestra en sus relaciones con otras
> personas, están también las extraordinarias
> y asombrosas afirmaciones que hace,
> tanto implícita como explícitamente, en
> relación con su persona y su vocación; son
> éstas las que finalmente despiertan una
> reacción que va pasando del desconcierto
> a la hostilidad y a una furia abierta.[16]

Ramachandra nos recuerda las afirmaciones de Jesús de
tener una relación filial única con Dios, de ser el cumplimiento sin igual de las Escrituras judaicas, y de encontrarse en una categoría diferente de los demás. Este carácter único y exclusivo es parte integral del evangelio que
proclamamos y, como lo demuestra muy acertadamente
Ramachandra en su libro, es verdad que guarda relación
con la lógica del relato evangélico. Puede parecerles arrogante a quienes siguen a otros maestros y a otras tradiciones, y es preciso reconocer que a veces los misioneros la
han proclamado con una arrogancia que nacía de un sentido de superioridad cultural. No obstante, es este carácter
único lo que hace que Jesús sea Señor de todos y que sea
también el Señor de la misión.

El modelo cristológico para la misión que hemos considerado aquí surge del corazón del evangelio, la obra
completa de Jesucristo, quien es la revelación última de
Dios para los seres humanos y el misionero de Dios por
excelencia. Este modelo se vuelve particularmente pertinente al entrar en una era en la que iglesias jóvenes habrán
de hacer una contribución significativa a la misión global. En la mayoría de los casos, a estas iglesias les falta
poder político, social o económico. Igual que en el primer

siglo de nuestra era, el único poder del que dispondrán los misioneros será el poder del Espíritu, quien los lleva hasta lo último de la tierra, y el del Cristo resucitado quien les asegura una victoria final más allá de las penurias y luchas del presente.

El principal actor en la misión histórica de
la iglesia cristiana es el Espíritu Santo. Él es el
director de toda la empresa. La misión consiste
en cosas que él está haciendo en el mundo.
De un modo especial consiste en la luz que
él enfoca sobre la persona de Jesucristo.

Este hecho, tan patente para los cristianos en
el primer siglo, en buena medida se olvida en el
nuestro. De manera que hemos perdido el vigor
y el sentido de orientación y hemos convertido
la iniciativa divina en una empresa humana.
'Todo depende mí mismo' es una actitud que
está malogrando tanto la práctica como la
teología de nuestra misión en estos días.[1]

Con estos elocuentes párrafos el obispo John V. Taylor inicia su libro *The go-between God* (El Dios mediador), uno de los estudios más creativos y desafiantes que conozco respecto al Espíritu Santo y la misión cristiana. El obispo Taylor fue misionero en África y posteriormente Secretario General de la Sociedad Misionera de la Iglesia, una sociedad de voluntarios dentro de la Iglesia Anglicana. Este libro confirma mi convicción de que cuando los misioneros reflexionan sobre su experiencia se convierten en los mejores teólogos. Su teología es viva porque se conecta con la vida diaria de la iglesia en las fronteras de la acción misionera.

Cuando se publicó el libro yo me encontraba trabajando en el Canadá. Recuerdo que le leí estas palabras del obispo Taylor a un amigo, profesor de una escuela bíblica pentecostal quien exclamó '¡Aleluya! ... Eso es exactamente lo que nosotros los pentecostales siempre hemos creído'. Luego con una sonrisa juguetona, agregó, '¡Pero es grandioso comprobar que los anglicanos están comenzando a estar de acuerdo con nosotros!'. Si bien lo decía con espíritu humorístico la observación no era solo graciosa sino que en un sentido sintetizaba lo que ha ocurrido en la teología de la misión en el curso del siglo veinte. El notable crecimiento del movimiento pentecostal por todo el mundo ha ubicado en el primer plano de la reflexión teológica importantes cuestiones relativas al Espíritu Santo, quien ha pasado a ocupar un lugar central en la reflexión misionológica y en los trabajos publicados en años recientes. Esto ha ocurrido en parte debido a que los pentecostales ponen gran énfasis en la presencia y el poder del Espíritu Santo. Así, los teólogos y biblistas interesados en la misión de la iglesia redescubrieron el papel importante que representa el Espíritu Santo, no sólo en las epístolas paulinas sino también en los Evangelios, especialmente en Lucas–Hechos. De la misma manera, hechos relacionados con la obra misionera en el siglo veinte, como el traslado del cristianismo hacia el sur, y el fin de la cristiandad, han dado por resultado el redescubrimiento de la Biblia como un libro misionero.

El crecimiento pentecostal

La medición del crecimiento de las iglesias es una tarea compleja, y cada vez que se citan cifras es preciso tener en cuenta la naturaleza tentativa de dichas estadísticas. David Barrett está considerado como uno de los especialistas mejor informados en estadísticas sobre el cristianismo, y en el sumario estadístico más reciente da la cifra de 596 millones entre pentecostales, carismáticos y neocarismáticos.[2] En un trabajo de 1988 Barrett estimaba que del total de pentecostales, el 71% no era de piel blanca, el 66% vivía en el Tercer Mundo, el 87% vivía en la pobreza y la mayoría residía en zonas urbanas.[3] Otro estudioso que se ha especializado en la investigación sobre los movimientos pentecostales alrededor del mundo es el suizo Walter Hollenweger, él mismo pentecostal. Escribe acerca de tres corrientes: las iglesias *pentecostales clásicas*, los *movimientos carismáticos* dentro de las iglesias tradicionales, y las emergentes *iglesias autóctonas no blancas*. Si bien Hollenweger coloca a los tres grupos dentro del pentecostalismo, su referencia a iglesias autóctonas no blancas es importante porque muchas de ellas se han desarrollado en África, Asia y América Latina, sin conexión alguna con una denominación o misión pentecostal clásica. Es preciso tener en cuenta las iniciativas locales y los contextos locales para evitar el uso del nombre 'pentecostal' como un término genérico occidental que no hace justicia a la realidad. Las iglesias de origen africano, por ejemplo, tienen algunas características similares a las iglesias pentecostales, pero a la vez tienen características distintivas únicas que las ubican en una categoría propia.

La mayoría de las iglesias dentro del pentecostalismo clásico reconocen su origen en el movimiento que se desarrolló a comienzos del siglo veinte en Norte América.

Surgió de fuentes en lugares humildes, tales como la experiencia carismática de una mujer en una escuela bíblica en Topeka, Kansas (1901), bajo la influencia de Charles Parham, o el ministerio de William Seymour, un predicador negro en un viejo edificio de la calle Azusa en Los Ángeles (1906).[4] El misionólogo pentecostal Gary McGee dice de esta generación inicial que creían que se habían restaurado las 'señales y prodigios' apostólicos que habían caracterizado el avance de los primeros cristianos en el libro de Hechos: "El pentecostalismo tradicional distingue entre la obra del Espíritu en la regeneración y su obra de otorgar poder a los creyentes para el ministerio. Cuando se ha recibido este poder se dice que la persona ha sido bautizada en el Espíritu. Dicha persona sabe que ella o él ha recibido este bautismo si, en ese momento, ha hablado en lenguas. Al hablar en lenguas se le llama 'la evidencia inicial'."[5] Así, en las iglesias pentecostales la gente experimenta la glosolalia o facultad de hablar en lenguas extrañas, o recibe revelaciones especiales de Dios por medio de sueños y visiones, y experimenta sanidad por medio de la oración y la imposición de las manos. Todos estos fenómenos fomentan una gran medida de intrepidez en la evangelización y se atribuyen a una acción especial y única del Espíritu Santo que llena a la persona. De esta manera se pasa a ver al movimiento pentecostal como una restauración de la fe apostólica del primer siglo.

La observación sociológica señala que el crecimiento numérico de los pentecostales se efectúa particularmente entre los grupos socialmente marginados que sufren el desarraigo y la anomia durante períodos de urbanización acelerada. Además, algunos aspectos de la vida religiosa y el énfasis teológico pentecostal coinciden con características propias de la cultura de la pobreza, tales como una liturgia oral, una teología narrativa, un emocionalismo desinhibido, una participación plena en la oración y la adoración, sueños y visiones, y una intensa búsqueda de comunidad y pertenencia. Estos rasgos también son características de las iglesias populares no blancas. Por otra parte, después de más de un siglo de existencia y de un proceso de institucionalización, varias iglesias pentecostales antiguas son ahora de clase media en su composición, gracias a la movilidad social fruto de las experiencias de conversión que produjeron una reorientación de la vida y de nuevos hábitos sociales y económicos, seguidos por el progreso material en la generación siguiente.

Dejando de lado las consideraciones sociológicas, cuando exploramos los orígenes del movimiento pentecostal vemos una variedad de fuentes y esquemas tales como el movimiento de santidad en la segunda parte del siglo diecinueve, experiencias carismáticas entre misioneros que querían ser más efectivos y fructíferos, o protestas de iglesias autóctonas jóvenes que se sentían restringidos por políticas misioneras rígidas. La preocupación y la pasión misioneras, como también la búsqueda de una vida espiritual más profunda parecerían ser un común denominador en la mayoría de los casos. Menciono un caso que ilustra este punto. En 1906 Minnie F. Abrams, que había sido misionera norteamericana de la Iglesia Metodista en la India desde 1897, leyó acerca del famoso avivamiento en el país de Gales. Ella y las mujeres indias entre las que trabajaba en la Misión Mukti experimentaron lo que ella describió como un bautismo del Espíritu Santo. Escribió un libro describiendo el avivamiento, *The baptism of the Holy Spirit and fire* (El bautismo del Espíritu Santo y de fuego), en el que analizó sus bases teológicas. Mandó un ejemplar de su libro a May Hoover, la esposa de William Hoover, un médico que a la vez era misionero metodista en Valparaíso, Chile. Los Hoover y varios creyentes chilenos también tuvieron una experiencia como la que describía Minnie Abrams. La búsqueda de una vida espiritual más profunda llevó a algunos a cometer excesos, pero la reacción en contra de ellos produjo una parálisis en los metodistas más conservadores. En contraste con Hoover, sus colegas misioneros endurecieron su actitud y no siempre se mostraron sensibles a las preocupaciones de los creyentes chilenos. Ya para 1911, Hoover y varios seguidores se alejaron de la iglesia metodista y fundaron la Iglesia Metodista Pentecostal, hoy la denominación más grande en Chile.[6]

Exploraciones misionológicas

Los misionólogos pentecostales están de acuerdo en que si bien ha habido una gran actividad misionera pentecostal a escala global desde las primeras etapas del movimiento, ha faltado una reflexión teológica sobre la misma. Un ejemplo interesante, que quizá sea el primer intento de sistematizar los principios misionológicos seguidos por los pentecostales clásicos, es la obra de Melvin Hodges. Este misionero de las Asambleas de Dios en El Salvador, América Central, entre 1935 y 1945, fue posteriormente ejecutivo de la misión hasta 1985. Antes de salir como misionero Hodges había estado estudiando las obras de Roland Allen, y una vez en el campo de labor las aplicó para reorientar los métodos misioneros 'desde una estructura paternalista dependiente de la asistencia financiera norteamericana a una estructura basada en principios eclesiásticos autóctonos'[7]. La obra de Hodges es una reflexión sobre su propia experiencia en una región del mundo donde las iglesias habían crecido a un ritmo impresionante, pero también expone los principios para una aproximación autóctona a la misión que se desarrollan en los libros clásicos de Roland Allen, como *La expansión espontánea de la iglesia*.[8] Allen había sido misionero anglicano en la China entre 1895 y 1902, y como resultado de su experiencia se volvió sumamente crítico de la metodología misionera predominante en su tiempo. En sus libros abogaba por un regreso radical a los modelos de misión propios del Nuevo Testamento. Algunas áreas de estudios sobre la misión de las que se ocupó Allen fueron el papel de los laicos en la obra misionera de la iglesia, la necesidad de esquemas flexibles de ministerio y de políticas financieras realistas. Allen llegó a convencerse de que el ministerio pagado, tal como se lo concebía en los países de origen como Inglaterra, no debían ser exportados a territorios misionales porque no se podía reproducir el mismo esquema en un contexto diferente. Este esquema también entorpecía la participación de los laicos en el ministerio. La práctica misionera de usar fondos extranjeros de la misión para pagar a los pastores nacionales creaba dependencia. Su estudio del Nuevo Testamento lo convenció de que la iglesia occidental se había apartado demasiado lejos de los modelos bíblicos. Al comienzo del movimiento pentecostal había participación laica en la evangelización, ministerio voluntario y capacidad para desarrollar formas contextuales de adoración y evangelización entre los pobres. Allen también puso énfasis en lo crucial de la presencia y el poder del Espíritu Santo para la misión y escribió extensamente sobre este aspecto.[9] Aunque Allen no conocía el movimiento pentecostal las coincidencias son evidentes, lo cual explica por qué un misionólogo pentecostal como Hodges sería un entusiasta de las ideas de Allen.

De este modo la reflexión misionológica de un anglicano de la alta iglesia tomó contacto con la práctica de un pentecostal, y como dice un estudioso 'Hodges, de hecho, pentecostalizó los principios de Allen y los rehizo para su tradición'[10]. Cuando uno lee otros libros de Allen dedicados al tema específico del Espíritu Santo[11] no resulta difícil comprender por qué su obra habría de resonar en el corazón de un pentecostal. Agregado a los principios de

Allen, Hodges también adoptó como básico para su propia teología de las misiones elementos clásicos de la posición evangélica tales como la autoridad de las Escrituras, la centralidad de Cristo, la dinámica del Espíritu Santo, la perdición de la humanidad de no mediar la gracia salvífica y la importancia de la iglesia como el instrumento de Dios para la evangelización. Su obra influyó en las políticas misioneras de las Asambleas de Dios, pero él mismo no reflexionó específicamente sobre el carácter único de la experiencia pentecostal. Sobre la base de mis observaciones en América Latina, Norte América y Europa, yo diría que las iglesias pentecostales y carismáticas se han mantenido más cerca que otras denominaciones del modelo neotestamentario explorado por Allen.[12] Como lo han señalado algunos críticos de Allen, se deben aplicar los principios neotestamentarios destacados por él, pero a la vez tener presente el contexto socio-cultural de la época apostólica, y prestar la debida atención a los contextos contemporáneos.

Misionólogos de otras tradiciones estuvieron entre los primeros en llevar a cabo cuidadosas investigaciones sobre asuntos relacionados con el papel del Espíritu Santo en las misiones, procurando entender el tipo de expansión espontánea de la iglesia que es característico del movimiento pentecostal. Uno de ellos fue Lesslie Newbigin, quien ya en 1953 escribió *La familia de Dios*, un libro que actualmente se considera una obra clásica sobre la naturaleza y la misión de la iglesia. En este libro Newbigin lleva a sus lectores a considerar la importancia del movimiento pentecostal desde la perspectiva de la historia de la iglesia. Describe la eclesiología católica, que pone el énfasis en la continuidad con los apóstoles a través de san Pedro y Roma como la marca de la verdadera iglesia. Luego considera la eclesiología protestante, que pone el énfasis en la recta predicación de la Palabra y en los sacramentos como la marca de la iglesia verdadera. Lado a lado con estas largas tradiciones coloca a las iglesias pentecostales con su énfasis en la presencia y el poder del Espíritu Santo como las marcas de la verdadera iglesia. Señalando el estancamiento de los diálogos ecuménicos de la década de 1950 entre católicos y protestantes, Newbigin se preguntaba si la manera de marchar hacia delante no sería 'hallar un nuevo entendimiento de la doctrina del Espíritu Santo', y luego agregaba:

> Pero por supuesto que la iluminación que se necesita nunca será el resultado de un estudio puramente teológico académico. ¿Podría ser que las iglesias de las tradiciones católica y protestante tengan que humillarse bastante para recibirla en comunión con sus hermanos de los varios grupos de tipo pentecostal con los cuales en la actualidad se tiene muy poca comunión si acaso?[13]

La comprensión de la iniciativa del Espíritu Santo en relación con la misión se ha visto enriquecida por las contribuciones de varios eruditos evangélicos cuyas obras proporcionan un sólido fundamento para un mejor entendimiento de la práctica evangélica de la misión.[14] Así por ejemplo Harry Boer nos recuerda que el uso de la 'Gran Comisión' de Mateo 28 como un lema imperativo para la obra misionera evangélica es algo relativamente reciente. El modelo bíblico recalca más bien la presencia y el poder del Espíritu Santo en la vida de la iglesia como la fuente del dinamismo misionero: no un nuevo legalismo, sino la libre y gozosa expresión de una renovada experiencia de la gracia de Dios. Esto provee una clave para entender lo que podría ser la fuente que inspira la fuerza misionera espontánea de las misiones e iglesias evangélicas alrededor del mundo. En nuestras tierras ya se viene dando una reflexión teológica original y contextual sobre el tema, como puede verse en el libro *La fuerza del Espíritu en la evangelización,* al cual han contribuido nueve teólogos y tres teólogas, todos latinoamericanos.[15]

En su trabajo más reciente sobre el ministerio del Espíritu Santo, John Stott nos recuerda que en el siglo veinte hubo un desafortunado desacuerdo entre los cristianos evangélicos acerca de la obra del Espíritu Santo. Piensa Stott que la tensión se produce por dos cuestiones. Por una parte 'el pentecostalismo es hoy el movimiento cristiano que más crece en el mundo, proporcionando abundantes pruebas de que Dios lo bendice'; por otra parte, entre algunos evangélicos 'hay una genuina preocupación porque con frecuencia se trata de un crecimiento sin profundidad de modo que hay mucha superficialidad en todas partes'. Con todo, Stott tiene la convicción de que 'lo que nos une como evangélicos en nuestra doctrina y experiencia del Espíritu Santo es considerablemente mayor que lo que nos divide'[16]. Su actitud de concentrarse más en aquello en lo cual estamos de acuerdo que en lo que nos divide es consecuente con el consenso alcanzado en Lausana, tan bien expresado en el Pacto:

> Creemos en el poder del Espíritu Santo. El Padre envió a su Espíritu a dar testimonio de su Hijo; sin su testimonio el nuestro es inútil. La convicción de pecado, la fe en Cristo, el nuevo nacimiento y el crecimiento del cristiano son todos obra suya. Más aun, el Espíritu Santo es un Espíritu misionero; así, la evangelización debería surgir espontáneamente de una iglesia llena del Espíritu. La iglesia que no es una iglesia misionera se contradice a sí misma y apaga al Espíritu. La evangelización en el plano mundial se hará una posibilidad realista únicamente cuando el Espíritu renueve a la iglesia con verdad y sabiduría, fe, santidad, amor y poder.
>
> Párrafo 14

El Espíritu Santo y la misión

Al considerar la enseñanza bíblica en torno al poder y a la dirección del Espíritu Santo para la misión cristiana nos hacemos preguntas surgidas de nuestra propia experiencia misionera. De este modo llegamos a comprender la forma en que la experiencia misionera del siglo veinte nos ayudó a entender mejor los modelos misioneros neotestamentarios y, en relación con ellos, la enseñanza de Jesucristo y los apóstoles tocante al Espíritu Santo. En la tradición evangélica, los escritos paulinos y el Evangelio de Juan constituyeron la fuente principal de reflexión y enseñanza acerca del Espíritu Santo. En la segunda parte del siglo veinte la enseñanza de Lucas-Hechos también se convirtió en una fuente importante. Como ya se ha dicho, la obra de Roland Allen fue un esfuerzo pionero en esta dirección. Todo esto lo expresa muy bien el evangelista y erudito Ajith Fernando, de Sri Lanka, quien dice que 'el movimiento carismático ha enfocado mucha atención en las perdurables enseñanzas que pueden obtenerse de Hechos … El resultado de esto es que ahora prestamos más atención a la teología de Lucas y por consiguiente a la teología del Espíritu Santo. En este proceso la iglesia parece haber recuperado el carácter misionero del Espíritu Santo'[17].

Bosquejo a continuación algunos puntos que considero de particular importancia para el presente en la enseñanza bíblica sobre el Espíritu Santo en la misión.

1. La palabra de la promesa se hace realidad por obra del Espíritu. Encontramos especialmente en Lucas–Hechos un modo de acción en el cual los acontecimientos misioneros constituyen el cumplimiento de lo que la Palabra de Dios ha prometido o anunciado. Cuando Jesús 'lleno del poder del Espíritu' comienza su ministerio en la sinagoga de Nazaret, lee del profeta Isaías y luego enrolla el pergamino y dice a la gente: 'Hoy se cumple esta Escritura en presencia de ustedes' (Lucas 4.14–21). La realidad de este hombre, quien en el poder del Espíritu ha llegado hoy a Nazaret, es la realidad visible, histórica en la que se cumple la palabra del profeta. Encontramos lo mismo cuando, después de Pentecostés y de la visitación del Espíritu Santo, Pedro explica lo que ha acontecido siguiendo la misma explicación que Jesús en Nazaret: 'En realidad lo que pasa es lo que anunció el profeta Joel' (Hechos 2.16). En otras palabras, la realidad de la iglesia en misión solo puede entenderse desde la perspectiva de la fe, como resultado de la Palabra de Dios hecha acción en el mundo. Esa es su causalidad. Cierto es que enfrentamos una realidad histórica, visible, social, empírica; pero los que son parte de ella explican su realidad como resultado de la acción de Dios. Otro momento clave en el avance de la iglesia en Hechos se interpreta de forma similar. La conversión de gentiles, que inicialmente provoca una crisis en la joven iglesia y que da lugar a la convocación de lo que se denomina el 'primer gran concilio' en Hechos 15, culmina con el discurso de Jacobo (vv. 13–21). Jacobo dice que lo que ha sucedido está en conformidad con las palabras de los profetas, 'tal como está escrito'. Por lo tanto, la llegada de los gentiles a la fe en Jesucristo y el hecho de que reciben el Espíritu Santo se ve como cumplimiento de la profecía de Amós (vv. 16–18).

2. El ministerio de Jesús es posible por el poder del Espíritu Santo. Dice Boer que 'una intensa concentración mesiánica es característica de la obra del Espíritu en los Evangelios y el primer capítulo de Hechos. Las manifestaciones del Espíritu allí están casi enteramente centradas en Jesús o en torno a él, como si fuese preparación para una extraordinaria dispersión'[18]. Comenzando con la narración del nacimiento de Jesús, el mismo solo es *posible* mediante una creativa y poderosa acción del Espíritu (1.35). Lucas destaca esa acción del Espíritu Santo obrando en medio de la historia por medio del ministerio de Jesús con el fin de lograr el propósito de Dios. El Espíritu desciende sobre él en su bautismo (3.22) y regresa del Jordán 'lleno del Espíritu Santo' (4.1) y 'fue llevado por el Espíritu al desierto' para la batalla contra el tentador. En el relato de la tentación Jesús afirma su modo de llevar a cabo su misión en obediencia a Dios en lugar de seguir la sutil tentación propuesta por el enemigo. Regresa 'en el poder del Espíritu' (4.14) para comenzar su ministerio en Galilea. En el Evangelio según Juan encontramos un versículo que puede considerarse como un comentario que anticipa los hechos que describe Lucas, cuando leemos que 'el enviado de Dios comunica el mensaje divino, pues Dios mismo le da su Espíritu sin restricción' (Juan 3.34). En el Evangelio según Lucas, en una lección sobre la oración, Jesús enseña a sus discípulos que Dios ha de responder generosamente a quienes oran pidiendo el don del Espíritu (11.13). Dicho don para hacer posible la misión de la iglesia había de proceder del Señor resucitado y glorificado en Pentecostés, no antes (Juan 7.39).

3. Dios se vale de personas llenas del poder del Espíritu Santo. Aquellas personas capaces de reconocer la forma en que Dios obra son personas a las que se podría describir como insignificantes desde el punto de vista humano, pero su discernimiento con respecto a la acción de Dios proviene del hecho de que están llenas del Espíritu. Encuentro particularmente significativo el relato del nacimiento en el que el Espíritu está activo, llenando a Juan, el predecesor de Jesús, aquel que va a preparar el camino para el ministerio de Jesús en Israel, incluso antes de su nacimiento (Lucas 1.15). El poder de ese mismo Espíritu cubre a María con su sombra y hace que conciba milagrosamente (1.35). Cuando la joven María encinta visita a su prima Elisabet, también encinta, ésta última es llena del Espíritu Santo y reconoce la acción de Dios en María, y luego María se convierte en una proclamadora inspirada, dándole nuevo vigor y poder a un himno del Antiguo Testamento (1.39–55). Zacarías el sacerdote, lleno del Espíritu Santo profetiza acerca de su hijo profeta (1.67–79).

Uno de los motivos de alegría de la obra pastoral y misionera es ver la forma en que, en la vida y la misión diarias de la iglesia, el Espíritu Santo sigue llenando a personas sencillas como los personajes de este relato y que por medio de ellas cumple su propósito de bendecir a toda la humanidad. Si el espíritu de Dios está en acción, no es solamente en formas espectaculares según los métodos descritos en los manuales, sino en las acciones diarias del servicio fiel que hace posible la vida de la iglesia y la continuación de su ministerio, porque la palabra de la promesa de Dios sigue cumpliéndose hoy. Esta perspectiva nos permite apreciar otros aspectos de la obra del Espíritu en el libro de Hechos. Las tareas administrativas para satisfacer las necesidades materiales del pueblo de Dios requieren personas 'llenas del Espíritu', como los siete que constituían el segundo nivel del liderazgo en Jerusalén después de una crisis en las relaciones multiculturales (Hechos 6.3). La proclamación y defensa del evangelio, e incluso el enfrentamiento de los poderosos con la palabra de Dios, requieren personas llenas del Espíritu (Hechos 4.9). Hace falta una instantánea respuesta al Espíritu para la tarea pionera de alcanzar territorios nuevos y cruzar antiguas barreras sociales con el fin de compartir el evangelio (Hechos 8.26–29).

4. Jesús enseña acerca de la obra del Espíritu Santo en la misión. En el Evangelio según Juan encontramos la enseñanza más clara sobre el ministerio del Espíritu Santo. Para comenzar, el Espíritu Santo es enviado por el Padre como aquél que ha de estar con los discípulos en vista de la ausencia física del propio Jesús (Juan 14.16). El Espíritu se ocupará de recordar a los discípulos lo que Jesús les había enseñado (14.25–26), y de conducirlos hacia toda la verdad que Jesús no había podido enseñarles mientras estuvo con ellos (16.12–13). Estas promesas se aplican en primer término a los apóstoles que estuvieron con Jesús en el aposento alto, y se cumplieron al escribirse el Nuevo Testamento. Pero también tienen una segunda referencia al incesante ministerio docente del Espíritu, que ha de tener como su objetivo dar gloria a Cristo, tomando enseñanzas de Cristo y declarándolas a los discípulos (16.14–15). El Espíritu, como también los discípulos, darán testimonio por cuenta de Cristo. Hay una relación entre el testimonio del Espíritu a la iglesia y el testimonio de la iglesia hacia el mundo. La presencia del Espíritu entre los discípulos, en la iglesia, es lo que hace a la iglesia diferente del mundo. La disposición de la iglesia a ser llena y a ser guiada por el Espíritu proviene de Dios mismo (14.15–17). Esta disposición de la iglesia a permitir que el Espíritu actúe en su medio se relaciona con el amor de la iglesia por Cristo expresado en el hecho de guardar sus mandamientos. Al considerar esta enseñanza de Jesús, Harry Boer ha llamado nuestra atención al 'carácter retraído y modesto' del Espíritu: 'Es así como el testimonio amoroso, vivificante del Espíritu no se impone a la atención de la iglesia. Es un Espíritu reticente. Se mantiene en el fondo. Se conforma con ver que su amor sea ejercido, su vida expresada, su testimonio transmitido sin que él mismo se imponga en forma prominente como el autor de dichas actividades.'[19]

El libro de Hechos puede leerse como un desarrollo en el cual los apóstoles llevan a cabo lo que Jesús enseña en el Evangelio según Juan acerca del Espíritu Santo. Los sermones en Hechos evidencian un desarrollo en la comprensión del significado de la persona y la obra de Jesús, guiado e inspirado por el Espíritu. Vemos cómo los creyentes progresan en su testimonio sobre Cristo en forma tal que finalmente en un lugar como Antioquía comienzan a ser llamados 'cristianos'. Vemos también cómo en medio del martirio, cuando enfrentan la muerte como Esteban, adquieren una visión de la gloria de Cristo. Vemos en relatos como el de Cornelio y Lidia que el Espíritu se ha estado moviendo, preparando gente para la proclamación del evangelio que ellos abrazan cuando les llega.

Esta enseñanza de Jesús acerca del Espíritu Santo en el Evangelio según Juan nos ofrece una clave cristológica para discernir su presencia y su obra. Si en determinada situación la enseñanza acerca de Jesucristo es finalmente comprendida por la gente, de tal manera que acuden al Padre por medio de él, y si el carácter de Jesucristo se refleja en la vida de ellos, allí podemos discernir la presencia del Espíritu. Aquí nos encontramos ante la médula de la identidad cristiana y descubrimos un buen fundamento, el que constituye una piedra angular para una iglesia que se ha vuelto global y contextual en una sorprendente variedad de formas. ¿Estamos realmente abiertos a reconocer como hermanos y hermanas en Cristo a gente enteramente diferente de nosotros en sus tradiciones teológicas? ¿Estamos dispuestos a aceptar este núcleo cristológico central como la base que nos permite discernir dónde se está moviendo el Espíritu de Dios hoy?

5. El crecimiento de la iglesia en cantidad y en profundidad es obra del Espíritu Santo. Si prestamos atención al estilo literario de Hechos encontramos que en puntos cruciales en el avance del evangelio se menciona al Espíritu, de modo que su iniciativa es, claramente, lo que hace que la iglesia avance. En Hechos 1 Jesús da instrucciones a sus discípulos para que esperen en Jerusalén. Después de Pentecostés el período de espera se ha acabado y el dinamismo del Espíritu impulsa a la iglesia hacia adelante. El relato se lee más como una respuesta a una compulsión interna que a la manipulación externa por parte de los líderes. El Espíritu lleva a Felipe al camino donde evangeliza y bautiza al eunuco etíope (8.26–29); el Espíritu abre los ojos de Pedro y le enseña una lección misionera que le resulta difícil aprender (cap. 10); el Espíritu mueve a la iglesia en Antioquía para que encamine a sus mejores líderes en su primer viaje misionero (13.1–6); cuando el evangelio está a punto de ser introducido en Europa, el Espíritu guía a Pablo y a Silas hacia Macedonia, alejándolos de la ruta que ellos habían trazado (16.6–10). Roland Allen ofrece un comentario muy sugestivo sobre el libro de Hechos cuando dice, 'Antes de Pentecostés se representa a los apóstoles como si actuaran bajo la influencia de una teoría intelectual; después de Pentecostés se los representa actuando bajo el impulso del Espíritu'[20].

Hemos visto que el Espíritu impele a la iglesia en su avance a través de barreras geográficas y culturales de modo que se da la expansión y el crecimiento numérico: 'Cada día el Señor añadía al grupo a los que iban siendo salvos' (Hechos 2.47. Compárese con 5.14; 6.7; 9.31). Pero el Espíritu también está activo en toda la vida de la iglesia, aun cuando no se lo menciona explícitamente. Fomenta el crecimiento espiritual, el crecimiento en la comprensión de la fe, el crecimiento en amor y mutua aceptación, el crecimiento en la compasión para con los necesitados. Es a Pablo a quien acudimos para la enseñanza más explícita acerca de la actividad del Espíritu en la vida del creyente y de la iglesia. Por el Espíritu alcanzamos la fe en Dios y lo llamamos Padre, y el mismo Espíritu da testimonio a nuestro espíritu de que somos hijos de Dios (Romanos 8.14–17). Es el Espíritu quien mora en nosotros y nos ayuda a vivir la nueva vida de lealtad a Cristo como Señor (Romanos 8.9–11); es el Espíritu quien produce en nosotros la transformación a la imagen del Señor cuya gloria vemos (2 Corintios 3.17–18); es el Espíritu quien produce frutos en nuestra vida, logrando que crezcamos en la virtudes encarnadas en la vida de Jesús: amor, alegría, paz, paciencia, amabilidad, bondad, fidelidad, humildad y dominio propio (Gálatas 5.22).

En debates recientes en torno a cuestiones planteadas por el sorprendente crecimiento de las iglesias pentecostales e independientes, especialmente entre los pobres, se ha hecho necesario tener criterios para el discernimiento. El ejercicio de dones dados por el Espíritu hace que la iglesia crezca, pero la gloria ha de ir no a los misioneros y evangelistas dotados de ciertos dones, sino al Señor de la gloria, quien es el dador de los dones y el dador del crecimiento de su iglesia. La prueba que debemos aplicar para saber si un movimiento proviene del Espíritu de Dios tiene que ver con la determinación de si el movimiento de que se trata glorifica a Cristo y contribuye constantemente a transformar personas a su imagen, haciéndolas más semejantes a Cristo. Los evangélicos han tenido razón al insistir en que no debemos conformarnos con los dones del Espíritu si no vemos al propio tiempo el fruto del Espíritu.

Mirando hacia adelante

La teología evangélica ha sido un esfuerzo por mantener tanto el empuje misionero como la fidelidad a la verdad revelada. Nuestro énfasis no se ha centrado en una continuidad expresada por una institución jerárquica terrenal, sino en una continuidad hecha posible por la Palabra de Dios revelada a los seres humanos. En todos los cruces de fronteras misioneras, en todos los esfuerzos de lograr la contextualización, la misionología evangélica ha destacado una continuidad en la fidelidad a la Palabra. En nuestra situación contemporánea nosotros también debemos prestar atención a lo que Emil Brunner escribió al promediar el siglo veinte:

No es simplemente cuestión de la continuidad
de la palabra —la permanencia de la doctrina
original— sino también de la continuidad
de una vida: es decir de la vida que
fluye del Espíritu Santo. Creemos que ésta
es una idea apoyada por el Nuevo Testamento.
La comunidad de Jesús vive bajo la inspiración
del Espíritu Santo. Éste es el secreto de su vida,
de su comunión y de su poder.[21]

Mientras que los teólogos parecen sentirse cómodos en el
manejo de palabras acerca de la Palabra y en la formulación
de proposiciones ortodoxas precisas sobre el contenido de
la fe, no saben de qué modo manejar claramente la realidad del Espíritu Santo que obra en la iglesia y en el mundo.
Como pasa a decir Brunner, 'Ciertamente la Palabra y el
Espíritu están íntimamente relacionados; sin embargo, en
estas fuerzas espirituales existe algo que elude expresarse
en palabras, algo en relación a lo cual todas las palabras
son inadecuadas, sino en realidad engañosas'[22]. Los tiempos exigen una nueva apertura al Espíritu.

En el curso de los siglos diecinueve y veinte las misiones evangélicas, como se ha dicho, recibieron su inspiración principalmente de los avivamientos evangélicos y de
los pioneros de la misión morava más que de los reformadores magistrales del siglo dieciséis. El dinamismo del
protestantismo misionero provino de los movimientos de
renovación de los siglos dieciocho y diecinueve. En estos
movimientos los cristianos habían captado la verdad acerca
del Espíritu Santo que comenzó a tener sentido mientras
se ocupaban de la misión dentro de su propio contexto.
Las demandas prácticas de su situación y su sensibilidad
para con el Espíritu les permitió desarrollar estructuras
y esquemas de ministerio que fueron instrumentales en
lograr la misión emprendida. Juan Wesley y el conde von

Zinzendorf, como también William Carey, Billy Graham y la madre Teresa fueron personas que estaban dispuestas a revisar las antiguas formas de llevar a cabo la misión y a desarrollar nuevas estructuras, adecuadas para los nuevos tiempos. Esto fue posible porque estaban abiertos al movimiento del Espíritu. Recientemente hemos tomado conciencia de que además de las grandes personalidades que hacen noticia en la historia de la misión, también hubo miles y miles de misioneros anónimos que tuvieron esa apertura para acudir adonde los guiaba el Espíritu.

El misionólogo brasileño Valdir Steuernagel pide una actitud similar: 'La misión entendida en lenguaje neumatológico es un acto con dos pasos. Primero consiste en percibir el soplo del Espíritu y la dirección de donde procede. Y luego en correr en la misma dirección en la que sopla el Espíritu.'[23] Algunos evangélicos, entre los cuales me encuentro, piensan que el discernimiento del soplo del Espíritu requiere una actitud abierta y la sensibilidad para reconocer que el vigor de ese soplo puede estar en funcionamiento, incluso detrás de aquellas cosas que parecen nuevas e inusuales en esta etapa de la misión cristiana. Como hemos visto, la Palabra de Dios tiene mucho que enseñar sobre la obra del Espíritu Santo enviado por el Padre para glorificar a Cristo. Esta enseñanza nos proporciona el discernimiento necesario para experimentar el viento del Espíritu, y el coraje y la fortaleza para soltar las velas y dejar que ese viento nos conduzca a nuevas riberas.

Ha llegado la hora de la cena durante la asamblea mundial de las Sociedades Bíblicas Unidas en Mississauga, Canadá, en 1996. Somos un grupo internacional sentados a la mesa, y la conversación es animada. A pesar de la variedad de acentos extraños con los que hablamos el inglés, la verdad es que conseguimos comunicarnos. Echo una mirada alrededor y me pongo a pensar en mis compañeros de mesa: directores y miembros de comisión de las Sociedades Bíblicas en lugares tan variados como Islandia, Perú, Mongolia, Líbano y España. Al intercambiar historias, en pocos minutos nuestra imaginación va desde la selva amazónica hasta las estepas del Asia Central, desde diálogos con musulmanes fundamentalistas hasta gitanos españoles dedicados a la misión cristiana. Las Sociedades Bíblicas Unidas (SBU) es una familia de 138 organizaciones nacionales dedicadas a la traducción, producción y distribución de la Biblia. Las SBU eran en sus orígenes una típica organización evangélica, y hoy han llegado a constituir una de las entidades más internacionales y ecuménicas que he conocido. El historiador A. M. Chirgwin nos recuerda que la empresa misionera moderna creció al multiplicarse este tipo de organización. Refiriéndose a los treinta años entre 1792 y 1822, entre los que encontramos los orígenes de las SBU, dice que 'jamás hubo un período en el que surgieron tantas sociedades misioneras y tantas sociedades bíblicas'[1].

Las sociedades bíblicas nacieron debido a que en sus fundadores había una pasión por compartir la Palabra de Dios y el evangelio de Jesucristo con todos los seres humanos. Estaban convencidos por su propia experiencia de que Dios, quien habla por medio de la Biblia, ofrece vida espiritual, transforma a las personas proporcionando significado y dirección a su vida, y de este modo se forma la iglesia, el pueblo de Dios, el pueblo del Libro. Esto lo encontramos incluso en el Antiguo Testamento. Cuando Israel pasó al exilio y corría peligro de desintegrarse y desaparecer como pueblo, surgió la institución de la sinagoga y proporcionó al pueblo el sentido de identidad y fidelidad a Dios, como testimonio a otros pueblos y a otras naciones. Lo central de la sinagoga era la Palabra de Dios, ese otro Testamento más antiguo que constituía la Biblia de Jesús y de Pablo. Cuando nuevas generaciones de judíos experimentaron un cambio cultural y perdieron el dominio de su propia lengua nacional, por haberse visto sumergidas en la lengua griega de la cultura dominante, el Antiguo Testamento fue traducido al griego, dando como resultado la Biblia Septuaginta. Más todavía, se ha observado que si bien los judíos, los cristianos y los musulmanes son todos 'pueblos del libro', solo los cristianos se han dedicado a llevar a cabo una vasta tarea de traducción de su libro.

La Biblia en la misión

La Reforma protestante en el siglo dieciséis fue una época de intensa actividad en cuanto a traducción y difusión de la Biblia, y la práctica de los reformadores nacía de su convicción acerca de la forma en que Dios da vida, renueva y promueve el crecimiento de la iglesia por medio de la Biblia. El invento de la imprenta de tipos movibles por Gutenberg, en 1450, había puesto los libros al alcance de los hombres y las mujeres comunes y corrientes, de manera que un artefacto cultural nuevo se convirtió en vehículo de una revolución espiritual. Dice Chirgwin que 'casi todos los principales reformadores, no importa cuántas otras tareas los ocuparan, se dieron a la traducción bíblica, y algunos de ellos convirtieron esta actividad en su primera prioridad'[2]. Cuando floreció el movimiento misionero protestante, dos siglos y medio después de Lutero, estos principios constituyeron la fuente de una metodología misionera en la que la traducción de las Escrituras constituía un componente fundamental. Los historiadores de las misiones reconocen que esta práctica contrasta con la metodología misionera católica. Stephen Neill sintetiza así esta situación: 'El primer principio de las misiones protestantes ha sido de los cristianos han de tener la Biblia en sus manos, en su propia lengua, en el tiempo más breve posible. El método católico romano ha sido diferente. No es cierto decir que no se haya hecho nada; hemos oído sobre algunas traducciones de las Escrituras. Pero en general la literatura que se ha producido ha estado constituida por catecismos y libros devocionales.'[3]

Neill proporciona dos ejemplos para ilustrar su argumento en este punto. Si bien los misioneros católicos romanos llegaron a la Costa de Pescadores en el sur de la India en 1534, la primera traducción del Nuevo Testamento al tamil solo se completó dos siglos después por el protestante Bartolomé Ziegenbalg en 1714. En el caso de las Filipinas, los primeros misioneros católicos romanos llegaron en 1565 y en tres siglos un porcentaje considerable de la población había sido bautizada. No obstante, la primera traducción de una parte de las Escrituras a una lengua filipina fue el Evangelio de Lucas en pangasinán, completada por misioneros protestantes apenas en 1873. En 1979 estuve en las Filipinas participando en el encuentro de Lausana II en Manila, un Congreso sobre Evangelización para celebrar quince años del movimiento de Lausana. Una noche vi en televisión a un obispo de la Iglesia Católica Romana criticando aquel congreso. Pidió a los católicos que no asistieran a los actos públicos relacionados con el congreso porque la Iglesia Católica Romana era la única que estaba autorizada a interpretar la Palabra de Dios. Mientras hablaba sostenía ante las cámaras un ejemplar de la Biblia —¡precisamente un ejemplar cuya traducción los protestantes habían completado y publicado!

El teólogo metodista José Míguez Bonino, de Argentina, nos recuerda que en América Latina durante el siglo diecinueve y las primeras décadas del veinte, la Biblia jugó un papel decisivo en el surgimiento de iglesias evangélicas vigorosas. No se trataba simplemente de un libro de doctrina o una guía devocional, sino que la Biblia era:

> La herramienta básica para la evangelización,
> la simiente de la iglesia. Vez tras vez algún
> misionero viajaba de lugar en lugar dejando
> Biblias, Nuevos Testamentos y libros individuales,
> y las congregaciones evangélicas surgían tras
> sus pisadas y se reunían en torno a la Palabra
> de Dios. Muchas veces predicadores laicos sin

educación teológica o secular se convertían
en poderosos evangelistas asentando su
autoridad exclusivamente en la Biblia.[4]

La práctica de los misioneros en estos casos expresa la
convicción protestante de la decisiva importancia de
la Escritura como la fuente de la fe cristiana, el medio
que Dios usa para extender su iglesia. Pero en algún sentido también demuestra la dimensión más profunda de
esta convicción: que la predicación apostólica tal como la
encontramos en la Biblia dio nacimiento a la iglesia y no
a la inversa. Debido a esto la iglesia debe someterse a la
autoridad de la Palabra y no caer en la trampa de querer
convertirse en dueña de la Palabra.

La preocupación por poner la Biblia en manos del pueblo, en su propia lengua, estaba relacionada con la convicción de que Dios habla a través de su Palabra y por su Espíritu, en forma tal que el cristiano término medio puede
entender. Más todavía, en la tarea de entender como en
la de interpretar la Escritura, siempre tenemos que tener
presente la convicción de Lutero en cuanto a su *perspicuidad*: la Biblia es un libro claro.

El catolicismo había sostenido que las Escrituras
eran tan obscuras que únicamente el ministerio
docente de la Iglesia podía descubrir su verdadero
significado. Para Lutero la *perspicuidad* de
la Biblia iba aparejada al *sacerdocio de los
creyentes*, de modo que la Biblia se convertía en
propiedad de todos los creyentes. El cristiano
competente resulta *suficiente* para interpretar la
Biblia, y la Biblia era *suficientemente* clara en su
contenido para aportar su significado al creyente.
Aun más, la Biblia era un mundo en sí misma de
modo que *la Escritura interpreta la Escritura*.[5]

Los críticos católicos creían ver en el principio de la Reforma la apertura de la cristiandad a toda suerte de tendencias anárquicas y fuerzas revolucionarias. Veían en el protestantismo el comienzo de una disolución del cristianismo medieval, al cual consideraban la única forma verdadera de cristianismo. Basta con leer las obras de historiadores del siglo veinte tales como Hilaire Belloc y sus seguidores conservadores, especialmente en los países latinos, para comprobar la persistencia de esta manera de pensar con respecto a la Reforma. Si tal era el temor acerca de la posibilidad de que hombres y mujeres comunes leyesen la Biblia, ¿cuánto más cuando la Biblia llegó a ser propiedad de personas a las que el europeo término medio consideraba 'primitivas' o 'salvajes'? De hecho la Biblia sirvió de instrumento para reformar a la iglesia del siglo dieciséis en dos dimensiones: (1) *evangelizando* a personas que eran solo nominalmente cristianas, y (2) *renovando* espiritual y moralmente a los cristianos genuinos, que así podían enfrentar el desafío de la era moderna que se iniciaba en ese momento histórico.

Un siglo después de la Reforma se hizo evidente que el propio protestantismo no era inmune a algunos de los signos de decadencia que los reformadores habían atacado en el catolicismo romano. Con todo, la Biblia siguió siendo el instrumento fundamental de Dios para la renovación. Como nos lo recuerda Chirgwin:

> El movimiento pietista de finales del siglo diecisiete y primeras décadas del siglo diecinueve fue en mucho sentidos el equivalente en el continente [europeo] del movimiento puritano en Gran Bretaña y Norte América. Igual que el puritanismo, no tenía organización;

era un movimiento del Espíritu y se caracterizó por una profunda devoción a la Biblia y una firme creencia en su poder evangelizador.[6]

No fue esta simplemente una renovación del interés académico en la Escritura; fue, más bien, dentro de los grandes cuerpos protestantes, la multiplicación de pequeños grupos centrados en torno a una vida de piedad, de estudio de las Escrituras y de oración. Como ya he señalado, el pietismo fue decisivo en el desarrollo del movimiento moravo, el que a su vez fue la fuente del primer esfuerzo misionero intencional que se hizo desde el protestantismo, en el siglo dieciocho. Aun cuando generalmente se entiende al pietismo como un movimiento individualista sin dinamismo social, el hecho de que los pietistas moravos fueron los pioneros de la vasta obra misionera protestante en los siglos diecinueve y veinte debería hacer que revisemos esa cuestionable presuposición. Durante los siglos diecinueve y veinte las misiones protestantes lograron uno de los más grandes avances en la historia misionera, y la Biblia representó un papel fundamental en el mismo.

En todos estos casos me estoy refiriendo a movimientos de renovación y esfuerzos misioneros que tenían las marcas distintivas de la Reforma, y que eran indicación de una profunda experiencia espiritual del individuo en su relación con Dios. Aquí la espiritualidad no solo se convierte en la renovación de la vida espiritual sino también en la fuente de nuevas percepciones teológicas; no solo la intensificación de la religiosidad sino también un nuevo dinamismo con consecuencias éticas tanto en el plano individual como social. El retorno a la Escritura, o su acercamiento a ella por primera vez, iluminó la experiencia y el pensamiento de dichos pueblos y movimientos, como puede detectarse en los trabajos o tratados teológicos, en sus canciones e himnos, en su arte y en su predicación.

También es importante tener presente los efectos colaterales positivos del énfasis protestante en la Escritura. John Mackay lo expresa con gran claridad: 'La centralidad otorgada a la Biblia en la fe y experiencia protestantes ejerció una profunda influencia sobre esas formas de desarrollo cultural que son protestantes en su inspiración. El interés popular en la Biblia dio un gran impulso a la educación pública. Se promovió la alfabetización con el fin de que los seres humanos pudiesen aprender a leer las Escrituras.'[7] Sobre este punto es preciso rectificar las cosas porque muchos científicos sociales, por razones que Lamin Sanneh describe en un libro ahora clásico, han atacado la obra misionera cristiana: 'La historiografía moderna ha establecido una tradición de que la misión fue instrumento del cristianismo occidental para destruir la culturas indígenas.'[8] Sin embargo, lo que demuestra el libro de Sanneh con pruebas palmarias es que en el caso del África, la obra misionera, y especialmente la traducción de la Biblia a las lenguas vernáculas, contribuyó a crear un nuevo sentido de identidad e incluso *resistir* una occidentalización indiscriminada.

Biblia y cultura: la Palabra vista con ojos nuevos

Con la existencia de iglesias nuevas, jóvenes, que poseían la Biblia en su propia lengua, la escena estaba lista para el surgimiento de un debate teológico nuevo y vigoroso, para un diálogo entre iglesias cristianas antiguas y nuevas. Las iglesias jóvenes necesitaban poder responder a los interrogantes pastorales que nacían de su contexto y también penetrar en sus propias culturas con el evangelio. Sin embargo, parecería que la sola posibilidad de plantear la clase de interrogantes que la teología occidental no había planteado antes, se volvió tema de controversia. Dado que la obra misionera protestante tiene ya más de dos siglos, ¿por qué es que solo recientemente hemos sido testigos del desarrollo de teologías que equivalen a una 'lectura de la Biblia con ojos nuevos'? ¿Por qué, durante tantos años, la teología fue escrita por estudiosos alemanes y explicada por profesores británicos o franceses? En su análisis de esta cuestión, el teólogo ghanés Kwame Bediako nos recuerda que los estudiantes africanos conseguían diplomas avanzados y aprendían acerca de Bultmann, Barth o Moltmann en tanto que no podían entender el mundo religioso en el que debían llevar a cabo su ministerio.[9]

A esta altura tengamos presente que el movimiento misionero del siglo diecinueve y buena parte del veinte se llevó a cabo en el marco histórico de la expansión imperial europea y norteamericana. Consciente o inconscientemente, la acción misionera estaba entrelazada con la imposición cultural de Occidente. Aunque la Biblia fue entregada a miles de comunidades, tribus y naciones nuevas en los campos misioneros, la forma de leer la Biblia comunicada por los misioneros estaba sumamente condicionada por su propia cultura. Esto retrasó la posibilidad de adquirir nuevas perspectivas cuando gente de culturas totalmente diferentes comenzaron a la leer la Biblia con sus propios ojos. Peor aún, retrasó la posibilidad de que las iglesias nuevas pudiesen desarrollar una proclamación del evangelio y prácticas pastorales orientadas hacia sus propias culturas y comunidades.

Ya en 1912, el misionólogo Roland Allen cuestionó los métodos misioneros modelados por tradiciones etnocéntricas occidentales, y propuso un cambio radical mediante el redescubrimiento y la aplicación de los métodos misioneros paulinos.[10] Asunto de especial preocupación para Allen, en el contraste entre la misión moderna y la misión bíblica, fue la esterilidad y la rebeldía teológicas que fueron resultado de la imposición de patrones teológicos. Escribe así: 'Una de las dificultades más serias en que se interponen ante cualquier expansión espontánea y el establecimiento de iglesias apostólicas nace de nuestra preocupación por la doctrina.'[11] Con abundantes ejemplos continúa demostrando que los moldes doctrinales europeos fueron impuestos mediante métodos autoritarios y hasta mediante la manipulación financiera de las nuevas iglesias. Concluye expresando que al mantener las normas doctrinales mediante la compulsión lo que se hizo fue dar lugar a la esterilidad y luego a la rebelión.[12]

Fue necesario un conjunto de acontecimientos decisivos y dramáticos en la segunda mitad del siglo veinte (hechos tales como la descolonización, revoluciones marxistas, el surgimiento de naciones nuevas, y la reafirmación de las culturas nativas) para crear entre misioneros profesionales y teóricos de la misión una conciencia de la necesidad de corregir los métodos imperiales. Lentamente, desde las iglesias nuevas en el denominado Tercer Mundo, hemos visto la articulación de un modo nuevo de acercamiento a la Palabra de Dios. El misionólogo escocés Andrew Walls es uno de los observadores más atentos y creativos del desarrollo del cristianismo en el mundo no occidental. Walls ha tratado de entender la situación contemporánea a la luz de la historia de las misiones, y de detectar la significación de los crecientes modos no occidentales de acercamiento a las Escrituras.

Walls ha trazado retrospectivamente, mediante la investigación histórica comparativa, la forma en que la transmisión de la fe cristiana a través de fronteras culturales ha dado como resultado una serie de transformaciones en cuanto al carácter de la iglesia y su teología. Vemos así a lo largo de los siglos diferentes modelos de vida cristiana, moldeados por una dinámica interacción entre la fe cristiana y el entorno cultural en el que se plasmó. En la situación global de nuestros tiempos deberíamos estar listos para esperar y aceptar tales cambios. Walls sintetiza sus percepciones preguntando: '¿Cómo se compara la expresión de la fe entre el judío adorador en el templo, el Padre del Concilio griego, el monje celta, el Reformador alemán, el puritano inglés, el eclesiástico victoriano? ¿Cuán defectuoso consideraría cada uno de ellos al otro en asuntos vitales para la religión?'[13]

Otro misionólogo con experiencia en África es David Barrett. Hace años estudió en profundidad el fenomenal desarrollo de cientos de iglesias independientes en el continente africano, que él ve como la explosión de un cristianismo africano verdaderamente nuevo. Barrett ha señalado el singular papel que ha representado la existencia de la Biblia en la lengua del pueblo:

> Es imposible pasar por alto la importancia de la Biblia en la sociedad africana. Las porciones de la Biblia que se traducen primero vienen a ser en algunos casos la primera literatura impresa en la lengua vernácula. Vastas campañas de alfabetización se basan en ellas. En muchas iglesias protestantes, la capacidad para leer un Evangelio es el requisito para el bautismo … Por consiguiente, como norma independiente de referencia, las Escrituras han proporcionado a los cristianos africanos la guía indispensable en un período crucial en el que de otro modo habrían sido considerados incapaces de expresarse adecuadamente. Así comenzó en la sociedad africana la demanda

de independencia espiritual frente al imperialismo religioso impuesto por ideas occidentales extrabíblicas.[14]

Cuando el control colonial ya no fue posible, esta explosión dio lugar a una situación que algunos verían como anárquica, pero que otros ven como una manifestación del poder de la Palabra y el Espíritu, aquello a lo cual los Reformadores del siglo diciséis se referían con gran esperanza y entusiasmo. El tiempo, el crecimiento y el avance de estas iglesias jóvenes en su peregrinaje está dando fructificación a su teología, su modo de interrogar sobre la fe, su agenda para el diálogo global.

De la nueva lectura al diálogo teológico

De lo que hemos visto hasta aquí nace la pertinencia de los temas, las cuestiones y los métodos que proponen algunas teologías de la liberación, que en algunos casos coinciden con los temas y las cuestiones que provienen de las iglesias evangélicas alrededor del mundo. Si es cierto que hemos heredado de la Reforma nuestra creencia en el poder y la autoridad de la Palabra de Dios, no podemos sino regocijarnos ante el hecho de que actualmente sea traducida a tantos idiomas y sea atesorada por personas de tantas culturas. A quienes han comenzado a leer esa Palabra con sus propios ojos, y han respondido a ella, debe dárseles la oportunidad de hacerse oír en el diálogo teológico global. La época del monólogo europeo y occidental ha concluido. El Congreso de Lausana sobre Evangelización en 1974 fue significativo como un momento singular en el cual se dio un diálogo teológico global. Durante ese acontecimiento vimos cómo un segmento significativo de la comunidad evangélica que había estado profundamente envuelto en la acción misionera llegó a comprender la nueva situación. John Stott ha expresado esa nueva actitud elocuentemente:

> Tal como con los autores de la Escritura, así también con sus lectores, el Espíritu Santo no hace a un lado nuestra personalidad para enseñarnos como en un vacío. Se valió del fondo cultural de los escritores bíblicos con el fin de transmitir por medio del mismo un mensaje apropiado para ellos como personas reales en situaciones reales. De la misma manera se vale de la herencia cultural de los lectores de la Biblia para transmitirles, a partir de las Escrituras, la verdad viva y apropiada ... Permitir a otros cristianos que comprendan la verdad del evangelio 'en forma nueva con sus propios ojos' e incluso alentarlos en ese sentido, es una marca tanto de respeto por los seres humanos como de confianza en el Espíritu Santo.[15]

Escribiendo desde el contexto de su experiencia como misionero norteamericano en las Filipinas, William Dyrness ha expresado bien la dirección y las consecuencias necesarias para el diálogo teológico global en la actualidad: "Con seguridad que ha pasado el día cuando simplemente permitimos que los creyentes del tercer mundo 'digan lo suyo' mientras nosotros los teólogos occidentales preparamos las respuestas definitivas a sus interrogantes. Porque ahora reconocemos que si escuchamos atentamente encontraremos que nuestros propios supuestos son puestos a prueba y que nuestro pensar se agudiza." La difícil cuestión del condicionamiento social de la percepción teológica es uno de los puntos clave donde las presuposiciones son puestas a prueba y donde la comprensión teológica puede ser agudizada.

En el caso de los evangélicos procedentes del Tercer Mundo, la lectura de la Biblia con nuevos ojos supone primeramente la presuposición de la naturaleza reveladora de la Escritura y su autoridad. Tengamos presente que estas iglesias retienen fresca la memoria de su origen en la obra misionera que se concentró en la traducción y anuncio de la Palabra de Dios. Pero ha surgido otra convicción importante; a saber, que han de tomar en serio las características únicas del contexto cultural e histórico en los que la iglesia viene ministrando en el seno de las realidades de Asia, África y América Latina. Esto también supone la clarificación de las condiciones históricas dentro de las cuales se desarrollaron las categorías teológicas occidentales, dejando ver sus limitaciones como modos de leer las Escrituras. El impulso motor en esta dirección no viene simplemente de algún tipo de rebeldía adolescente de iglesias jóvenes o de un nacionalismo vindicativo. Proviene de una preocupación pastoral y misionera. Tres evangelistas asiáticos lo han expresado de la siguiente manera: 'Hay una creciente inquietud acerca del lugar de la teología occidental preconcebida en un contexto asiático. La preocupación principal es, por lo tanto, la de formular una teología que surja del encuentro de una iglesia viva y su mundo.'[16]

También han delineado claramente lo que esto significa en relación con la tarea hermenéutica de entender la Escritura como una actividad fundacional anterior a la articulación teológica:

> No podemos escapar, epistemológicamente,
> a nuestras culturas, trasfondos y preocupaciones,

que definen nuestro modo de expresión. Pero
más que esto, nuestra teología, si bien totalmente
afirmada en la Biblia tiene que ocuparse de
los problemas concretos de Asia hoy. Se hace
imperativo por lo tanto un penetrante estudio
del problema asiático. Una teología asiática ha
de ser gobernada por un intercambio dialéctico
entre la cultura y la Biblia. El contexto cultural
plantea los interrogantes a la Biblia. Y la respuesta
bíblica, para completar el círculo hermenéutico,
ha de gozar de plena integridad no solamente para
responder a las cuestiones contemporáneas sino
especialmente para reformular, de ser necesario,
los interrogantes mismos. Y estas respuestas se
han de aplicar luego a las sangrantes heridas
de un continente sufriente... ¡es preciso que
completemos también el círculo *pastoral*![17]

Un ejemplo valioso de la forma en que funciona esto se da
en dos etapas. Primero, estableciendo el modo en que 'la
mentalidad occidental tiende a ver en realidad una naturaleza dual básica (por ejemplo, forma-materia, ser-hacer,
sujeto-objeto ...)', y la forma en que eso ha moldeado y
limitado las teologías articuladas dentro de los modos de
pensar griegos. Segundo, estableciendo el acercamiento
monístico e intuitivo oriental a la realidad, muestran sus
posibilidades para lograr una lectura nueva de la Escritura. Reconociendo que 'el pensamiento monístico rara-
mente se aplica en teología debido a la predominancia del
dualismo y al veredicto de que el monismo está en un conflicto fundamental con la enseñanza cristiana', proponen
un uso moderado de un marco de referencia monístico
para un acercamiento asiático a la Biblia:

Cuando el monismo es atemperado por una sana apreciación del dualismo bíblico entre Creador y criatura, puede constituir una herramienta para lograr claridad. La teología bíblica sugiere el modo en que un reconocimiento de la perspectiva unitaria en la comprensión del escritor bíblico en cuanto al Reino de Dios, la sicología del hombre, etc., puede moderar nuestro propio entendimiento de relaciones tales como hombre-creación, sagrado-secular, y espíritu-materia.[18]

Desde un ángulo que destaca la dimensión pastoral antes que la académica, el obispo David Gitari, de la diócesis de Monte Kenya Oriental en Kenya, África, nos ofrece otro ejemplo de este acercamiento evangélico en el Tercer Mundo. Primeramente describe las condiciones de su diócesis, que constituyen una buena ilustración del ritmo de crecimiento que caracteriza la vida de muchas iglesias africanas:

En mi propia diócesis, una congregación nueva nace por lo menos una vez al mes; confirmamos a un promedio de 500 candidatos todos los domingos. Las estadísticas no son, desde luego, el mejor criterio para medir el crecimiento de una iglesia; el crecimiento numérico puede resultar engañoso. La iglesia enfrenta el problema de nutrir a los cristianos a fin de que crezcan en Cristo y entiendan cabalmente la implicancias del evangelio. Si el evangelio de Jesucristo ha de hacer un impacto profundo en el pueblo africano, de tal modo que 'tengan vida y la tengan en abundancia', entonces es preciso que permitamos que el evangelio hable en la situación cultural de los africanos.[19]

A continuación Gitari describe las condiciones sociales y económicas de estas multitudes entre las que va creciendo la iglesia, y la forma en que evangelistas y misioneros en su diócesis hacen frente a las demandas de la situación: 'En algunas zonas de Kenya recientemente hemos sido atacados por el hambre. Y yo personalmente me he visto envuelto en actividades de socorro ante el hambre.' Sigue diciendo: 'No tengo dudas de que la Buenas Noticias del reino incluyen alimentar a los hambrientos.' Pero también deja en claro que además de socorro son necesarias dos cosas más. La primera es la de evitar alentar una actitud de dependencia con relación al que ofrece el socorro, trabajando, en cambio, con los pobres para ayudarlos a hacerse auto-suficientes: 'Debemos llegar a las raíces mismas de la causa del hambre y la pobreza.' La segunda consiste en completar la tarea: 'Las Buenas Noticias para el mundo hambriento no deben detenerse en entregar el pan que perece. La evangelización consiste en la proclamación de las Buenas Noticias de Jesucristo de tal modo que la gente entienda el mensaje, lo reciba como el pan de vida y se incorpore a la vida eucarística de la iglesia.'[20]

Tomando como base esa situación pastoral y evangelística Gitari llega a un nuevo modo de entender la Biblia, un modo más cercano a la realidad de su propio contexto africano y al mundo en el cual fue escrito el Nuevo Testamento. Más todavía, su situación alienta perspectivas críticas sobre otros modos de leer el texto:

> En la cultura africana, la forma en que
> el hombre puede ser hombre es en el seno
> de la familia. La cultura africana no sabe nada
> de individuos aislados. El hombre es hombre
> porque pertenece. Es parte de una familia
> más grande, un clan o una tribu. De allí
> que John Mbiti diga 'Yo soy porque nosotros

somos'. Como miembro de una familia un
hombre no puede quedar solo … En algunas
partes de África, el evangelio cristiano se ha
predicado como si solo fuese pertinente para
el individuo aislado. La persona tiene que tomar
una decisión personal de aceptar a Cristo. Esta
es una importación del pensamiento cultural
individualista de Occidente. El carcelero de
Filipos (Hechos 16) fue bautizado en medio
de la noche con toda su casa. Toda vez que
un africano quiere adoptar una decisión
importante, tiene que consultar a toda la familia.
Nuestra evangelización en África tiene que
apuntar a las familias y a grupos de personas.[21]

Notas latinoamericanas en el diálogo

Esta nota africana a la que hemos hecho referencia coincide con la de una lectura de la Biblia que proviene de la
diáspora latina en los Estados Unidos. Dada la condición
de minoría en la que viven en ese país los inmigrantes
latinos, a veces marginalizados por la mayoría de origen
europeo, entre ellos ha ido surgiendo una manera de leer
la Biblia que ha redescubierto la importancia de ciertos
temas como la solidaridad. Justo González lo ha expresado
con gran claridad recordándonos el origen de la lectura
tradicional individualista de los evangélicos: 'En medio
de una cultura en la que se daba por sentado que se era
cristiano por nacimiento, y reaccionando contra ese error,
surgió una teología que de tal modo subraya la relación
del individuo con Dios que se olvida del carácter comunitario, no solo de la fe sino de los propósitos mismos de

Dios.'[22] De allí deriva el énfasis en 'mi Dios, mi salvador personal, mi Cristo' tan propio de los evangélicos influenciados por el protestantismo misionero anglosajón en su origen, y tan propio también de la cultura estadounidense. González nos recuerda frente a ello:

> Pero si nos olvidamos de *nuestra* salvación, *nuestro* Señor, y lo que Dios ha hecho para *nosotros*, estamos abandonando una dimensión importantísima del evangelio de Jesucristo. Por algo fue que cuando sus discípulos le pidieron a Jesús que les enseñase a orar él les dijo: 'Vosotros, pues, oraréis así: Padre nuestro ...' Y es por ello que hasta el día de hoy los creyentes, al acercarse al trono, aunque parezcan estar solos, han de orar 'Padre *Nuestro*'. Quienquiera le ore a este Dios nuestro, nunca está solo. Ni siquiera está solo con Dios. Siempre estamos con Dios y con nuestra comunidad, como partícipes de ella, elevándola en oración al trono de la gracia.[23]

El teólogo portorriqueño Orlando Costas señalaba lo que se ha llamado la 'opción galilea' de Jesús. Es posible leer en el Evangelio de Marcos la intencionalidad de Jesús al escoger a Galilea como punto de partida de su ministerio. Costas nos recuerda que Galilea era en su tiempo un símbolo de la periferia cultural, social, política y teológica, un lugar despreciado por quienes detentaban el poder religioso-político en Israel. "Para Marcos —dice Costas— el hecho de que Jesús viniese de Galilea y no de Jerusalén parece estar cargado de un profundo sentido teológico. Ve en Jesús al eterno Hijo de Dios que se hizo 'un nadie' para levantar a la humanidad de la nada y hacer posible una nueva creación."[24] Esta referencia tiene especial importancia ahora que el impulso misionero viene más desde las iglesias que están en la periferia del mundo más bien que en los centros de poder comercial, financiero y militar.

Por su parte el teólogo peruano Darío López, quien es pastor en una zona marginal de la ciudad de Lima, ha ofrecido una lectura del Evangelio de Lucas en la cual destaca la preferencia de Jesús por los marginados, los pequeños, los pobres. López nos ofrece un repaso de trabajos muy diversos de exégesis moderna que insisten en esta clave: 'uno de los ejes teológicos que articula la perspectiva lucana de la misión es el especial interés de Jesús por los pobres y los marginados (publicanos, samaritanos, leprosos, mujeres, niños y enfermos)'.[25] Nos recuerda que la oposición a Jesús de parte de las élites de poder religioso, político, financiero y militar era una reacción de quienes sentían disgusto y se veían amenazados por esta preferencia de Jesús hacia los pobres. Es fácil olvidar que en veinte siglos de historia cristiana los movimientos de renovación y avance misionero han venido precisamente de entre los sectores pobres e insignificantes, ricos en piedad y conscientes de su necesidad.

Conozco a dos misioneras que han trabajado en forma creativa dentro de las nuevas situaciones misioneras. Ada Lum, de una familia china en Hawai, ha viajado por todo el mundo preparando a laicos en el estudio bíblico inductivo. Trabajando bajo el auspicio de la Comunidad Internacional de Estudiantes Evangélicos ha tenido la posibilidad de entusiasmar a hombres y mujeres jóvenes de todos los continentes a encontrar por sí mismos en las Escrituras la verdad divina para la vida. En muchas iglesias se ha producido una renovación en la medida en que las congregaciones locales se han despertado al estudio de la Biblia a través del ministerio de personas formadas por Ada. Ha sido un privilegio para mí acompañarla en

América Latina y Europa y ver sus dones en acción. En Costa Rica, poco después de haber escrito este capítulo, vi también a Ruth Mooney, una misionera bautista estadounidense que trabajó en varios países de América Central y ahora trabaja con mujeres de la costa atlántica de Costa Rica. Valiéndose del estudio bíblico inductivo y el enfoque educacional de Paulo Freire, Ruth ha podido lograr que amas de casa, maestros y estudiantes escriban material de estudio bíblico contextual para sus iglesias. Además de una contagiosa energía y dedicación, Ada y Ruth tienen un gran amor y entusiasmo por la Biblia, una habilidad para transmitir la erudición bíblica en funcionamiento al nivel de la congregación, y un gran respeto y sensibilidad hacia las realidades características del contexto local y hacia lo que Dios puede hacer con su Palabra por medio de personas sencillas que leen la Palabra con ojos nuevos.

La vida de las iglesias evangélicas jóvenes alrededor del mundo se caracteriza con frecuencia por un renovado redescubrimiento de la verdad bíblica característica de la Reforma. Bajo la dirección del Espíritu Santo, que ha dado vida a sus comunidades por medio de la Palabra de Dios, los cristianos del Tercer Mundo leen actualmente la Escritura con ojos nuevos. Así, nos encontramos en el umbral de un momento histórico nuevo, determinado por el surgimiento de iglesias nuevas en el Tercer Mundo, lo cual está arrojando como resultado lecturas renovadas de la Escritura a medida que diversas situaciones misioneras y pastorales desconocidas son enfrentadas por estas comunidades vivientes. Finalmente, la nueva libertad del Espíritu, que les permite a estas iglesia cuestionar los esquemas teológicos desarrollados en otras culturas, también estimula un esfuerzo por tomar en serio el desafío misionero que les plantea su propia cultura.

Al igual que los dos discípulos que caminaban con Jesús en el camino a Emaús, nosotros somos una compañía de cristianos de todas partes del mundo que ahora nos damos cuenta de que Jesucristo está en el centro de toda la Escritura. Mediante la acción misionera y por el poder de su Espíritu hemos recibido su Palabra, y el Señor resucitado nos ha abierto los ojos a la verdad. Nuestros corazones rebosan de alegría y asombro y adquirimos nuevas fuerzas para correr nuestra carrera, sobre caminos polvorientos y autopistas pavimentadas, propalando el evangelio en las encrucijadas de pueblos remotos o enviando mensajes por la Internet, cantándolo en los tonos menores de melodías tibetanas o bolivianas, o en la polifónica riqueza de una cantata de Bach.

La misión como servicio transformador | 9

Muy alto en las montañas de Ecuador, en Colta, se ha venido realizando un rápido proceso de transformación social entre las comunidades quichuas, orgullosos descendientes de los incas. Después de siglos de religión popular que parecía estar destinada a mantenerlos subyugados bajo una abusiva alianza de terratenientes y curas, la conversión a la fe evangélica ha producido un nuevo sentido de dignidad, de orgullo con respecto a su propia lengua y de un anhelo de obtener educación. Se han convertido en agentes económicos activos, capaces inclusive de efectuar ahorros para reunir capital y desarrollar una red de pequeñas empresas. Mediante éstas establecen relaciones recíprocas que les permiten enfrentar el peso de un capitalismo *mestizo*, que aún predomina en la región. Estas son las conclusiones de la antropóloga Blanca Muratorio después de varios años de investigación en el lugar.[1]

Muratorio no es cristiana y ha aplicado herramientas marxistas de análisis en algunos aspectos de su investigación. No obstante, en su informe final atribuye esta positiva transformación social a la forma en que los misioneros evangélicos se establecieron entre los quichuas, aprendieron su idioma, tradujeron las Escrituras y se quedaron entre ellos, con un compromiso de servicio a largo plazo, acompañándolos en su peregrinaje social. Desde la perspectiva de la misión cristiana tenemos aquí una ilustración del modo en que el evangelio de Jesucristo se comunica a la manera de Jesús, y así, por el poder del Espíritu Santo, transforma la vida de pueblos y sociedades.

La misión cristiana: transformación humana y social

Esta breve historia del Ecuador no es algo nuevo. El efecto transformador del evangelio es evidente en los registros del ministerio del propio Jesús en los Evangelios, como también en las noticias sobre la historia inicial de la obra misionera cristiana, en el libro de Hechos en el Nuevo Testamento. En la descripción de la forma en que Jesús llevó a cabo su misión encontramos un plan claramente discernible. Por ejemplo, en el Evangelio según Mateo el escritor se vale de varios resúmenes breves que destacan secciones de su relato. Así, el capítulo 9 presenta ese momento crucial en el cual el Señor elige a sus doce enviados, sus misioneros: 'Jesús recorría todos los pueblos y aldeas enseñando en las sinagogas, anunciando las buenas nuevas del reino, y sanando toda enfermedad y toda dolencia' (Mateo 9.35). Este pasaje describe a Jesús moviéndose entre el pueblo, atendiendo a sus necesidades, y dirige claramente nuestra atención hacia la profunda compasión que movía su accionar: 'al ver a las multitudes, tuvo compasión de ellas' (vv. 36-38). Las multitudes no aparecen como números o como entidades sin rostros sino como 'ovejas sin pastor', como personas perdidas porque sus líderes humanos les estaban fallando y los estaban explotando. El lenguaje de Mateo proviene del vigoroso pasaje de Ezequiel 34 acerca de los falsos pastores. De este profundo reconocimiento de las necesidades de personas reales proviene también el sentido de la urgencia misionera con el cual pronuncia el llamado a todos los discípulos a orar, y asimismo el llamado a los Doce a cumplir su propia misión.

Mediante la enseñanza, la predicación y la curación, la obra de Jesús alcanzaba y transformaba a la gente en todos los aspectos de su vida, de manera que podemos concluir, sin duda alguna, que *la misión de Jesús era integral*. Su contacto y su enseñanza llevaban a la restauración de una humanidad plena en aquellos a los cuales ayudaba. Su práctica ilustra bien su vigorosa afirmación: 'He venido para que tengan vida, y la tengan en abundancia' (Juan 10.10). El Evangelio según Marcos relata la historia de la curación de un hombre de Gerasa, endemoniado, de una manera que parecería resaltar el efecto del toque transformador del Maestro (Marcos 5.1–20). Este geraseno vivía en las tumbas, estaba encadenado de pies y manos, gritaba y se cortaba con piedras, y no podían sujetarlo. La descripción destaca el descenso de una persona casi hasta el nivel de lo sub-humano. Cualquiera que se haya ocupado en actividades misioneras reconoce los espantosos paralelos contemporáneos de la gente alienada en ese nivel de miseria y angustia, por ejemplo entre las víctimas de la droga en ciudades europeas y norteamericanas, como también entre las víctimas de la explotación en el Tercer Mundo. Una vez que el hombre ha sido sanado por Jesús, aparece sentado, vestido y en su sano juicio. El hombre ha recuperado su humanidad y su dignidad. La transformación es tan radical que produce temor a los que observan. Sin embargo, esta restauración de la humanidad es costosa, porque conduce a que un hato de puercos se ahogue. Consiguientemente, el pueblo de la región le pide a Jesús que se vaya —un hato de puercos es más valioso que una vida humana recuperada. La acción misionera redentora a través de los siglos no ha sido siempre bien recibida por aquellos cuyos intereses están en juego.

Así ocurrió también con la misión de los apóstoles, y la dramática influencia del evangelio pudo verse no solo en la forma en que transformaba vidas individuales sino en la forma en que afectaba las estructuras sociales. Consideremos, por ejemplo, el relato sobre la forma en que el evangelio penetró en la ciudad de Filipos (Hechos 16.16–40). La acción misionera de Pablo y Silas alcanza primeramente a Lidia, una rica empresaria quien, como resultado de su conversión, consagra su casa a la causa misionera. La vida de Lidia no puede ser entendida aparte de la estructura social de la que ella es parte: su *casa*. En el original griego este término (*oikôs*) incluye su familia, su negocio, sus esclavos. Cuando es alcanzada por el evangelio, ocurre una transformación social porque ahora todas sus relaciones y todos sus recursos se ponen al servicio de la misión cristiana. Lucas narra que "cuando fue bautizada con su familia, nos hizo la siguiente invitación: 'Si ustedes me consideran creyente en el Señor, vengan a hospedarse en mi casa.' Y nos persuadió" (Hechos 16.15). Luego encontramos que la casa de Lidia se convirtió en el lugar de reunión de la iglesia (v. 40).

La segunda persona alcanzada por los misioneros en Filipos es una pobre muchacha esclava, poseída por un espíritu pitónico por el que practicaba la 'adivinación'. Era víctima de explotación dado que 'con sus poderes ganaba mucho dinero para sus amos' (Hechos 16.16). La esclavitud formaba parte integral de la estructura social dentro de la que vivía esta muchacha. Cuando fue liberada espiritualmente esta estructura se vio afectada y la reacción de sus explotadores provocó un disturbio social. El relato muestra claramente que los dueños de la esclava, cuyas

ventajas económicas se ven perjudicadas como resultado
de la evangelización, arman una acusación ideológica
nacionalista contra los misioneros, lo que remata en un
tumulto. Como ocurre con tanta frecuencia en la historia
misionera, la predicación del evangelio da como resultado
que los misioneros vayan a parar a la cárcel (vv. 23–24).

La tercera persona afectada por el testimonio de los
misioneros ahora encarcelados es nada menos que su
carcelero, un endurecido burócrata dentro de la estructura del sistema penal romano. Su carrera podría haber
derivado en un fin trágico a causa de un terremoto, pero
lo sucedido abrió la puerta de su vida al evangelio y lo
vemos transformado en un dedicado y servicial hermano
en Cristo (vv. 33–34). Si tomamos a cada uno de estos personajes no solo como individuos sino como una persona
que forma parte de una estructura, queda claro que el
evangelio desafía y cambia dicha estructura.

El evangelio hizo un impacto semejante tanto en las
personas como en las estructuras en Éfeso (Hechos 19.8–
41), porque en la misión bíblica el evangelio inunda la
vida de quienes lo reciben y se deciden a seguir a Jesucristo. En contextos marcados por cambios sociales radi-
cales, los lectores contemporáneos pueden encontrar una
sorprendente guía y ayuda en los detalles del relato, tan
cuidadosamente narrado por Lucas, de tal manera que
textos como éste ofrecen nueva luz para el misionero contemporáneo.

Los evangélicos redescubren la misión integral

El re-descubrimiento de la misión integral entre los evangélicos en la década de 1960 fue ocasionado en parte por
la experiencia de las iglesias cuyo trabajo evangelizador se
desarrollaba en países o clases sociales que atravesaban

penosos procesos de transformación social. Latinoamericanos, africanos y asiáticos, como también afro-americanos y latinos en los Estados Unidos, han insistido en que la evangelización y la misión no podían llevarse a cabo con fidelidad a las normas bíblicas a menos que se tuviese en cuenta esta dimensión integral.[2] Este redescubrimiento puede trazarse a lo largo de una serie de congresos sobre evangelización iniciados por el conocido evangelista Billy Graham. Se trataba de una iniciativa evangélica que tenía como fin explorar maneras en las que quienes se ocupaban de la evangelización pudiesen unir fuerzas dentro del marco de una visión global. El primer congreso se efectuó en Berlín en 1966 e incluía exposición bíblica, exploración del contexto global, afirmaciones teológicas y la discusión de enfoques y métodos prácticos en la evangelización. Una sección del programa se ocupaba de 'Obstáculos para la evangelización' y en el curso de ésta muchos participantes se dieron cuenta de que el racismo, expresado en actitudes y estructuras, constituía uno de los obstáculos para la proclamación del evangelio. Michael Cassidy, un evangelista de Sudáfrica, llamó nuestra atención a este punto y su breve exposición sobre el nacionalismo, con sus referencias al *apartheid* en su país, provocó una gran controversia.[3] En este congreso John Stott puso énfasis en la necesidad de considerar la Gran Comisión de Jesús en la versión del evangelista Juan que no solo afirma el deber misionero sino que indica que éste se cumpla siguiendo el modelo de Jesús mismo: 'Como el Padre me envió a mí, así yo los envío a ustedes' (Juan 20.21).

Luego, como continuación de Berlín, se celebró una serie de congresos regionales. El Congreso de los Estados Unidos sobre Evangelización se llevó a cabo en Minneapolis, 1968, en el momento más álgido de la lucha por los derechos civiles en ese país. Se hizo evidente que era imposible seguir evangelizando a la vez que se descuidaban temas relacionados con la justicia social y el pecado estructural. El evangelista Leighton Ford dejó en claro que 'como cristianos tenemos que ocuparnos tanto del amor como de la justicia'. Lo uno no puede sustituir a lo otro, dado que ambos constituyen dimensiones importantes del evangelio. Como consecuencia, dijo Ford, 'el político cristiano que procura aprobar leyes que plantean líneas directrices para la justicia está haciendo la obra de Dios en igual medida que el pastor cristiano que procura ganar a los perdidos para Cristo'[4]. Al año siguiente en Bogotá, Colombia, el Congreso Latinoamericano sobre Evangelización llegó a la conclusión de que la verdadera evangelización no podía llevarse a cabo sin una adecuada referencia al contexto social y político en el cual se desenvuelve. Los que asistieron indicaron claramente su unánime aprobación de afirmaciones tales como la siguiente:

> Resulta ociosa la discusión de si debemos evangelizar o promover la acción social. Ambas cosas van unidas. Son inseparables. Una sin la otra son muestra de defecto en la vida cristiana. Por ello resulta ocioso intentar nuestras empresas de servicio al prójimo alegando que 'nos sirven' para la evangelización. Dios está igualmente interesado en nuestro servicio y en nuestra tarea evangelizadora.[5]

En el Congreso de Evangelización Asiático del Pacífico Sur, celebrado en Singapur en 1968, el tema del evangelio y las realidades sociales se encaró misionológicamente en una comparación entre la fe cristiana y otras religiones. Benjamín Fernando, de Sri Lanka, nos recordaba que:

> No hay tal cosa como un evangelio individual independiente y un evangelio social independiente. Hay un solo evangelio, un hombre redimido en una sociedad

reformada … Los problemas sociales asumen
mayor importancia en el cristianismo que en el
budismo o el hinduismo. La teoría del karma y
el renacimiento ofrece una explicación bastante
razonable de las desigualdades sociales de esta
vida que por un lado son consecuencias de la
vida anterior y por el otro puede compensarse
por ellas en la próxima vida. Pero para el
cristiano hay una sola vida terrenal, de modo
que los problemas sociales tienen que resolverse
ahora o nunca.[6]

El redescubrimiento de la dimensión integral de la enseñanza bíblica es un valioso ejemplo de cómo una lectura
dualista e individualista occidental del material bíblico ha
sido criticada por cristianos no occidentales que se han
propuesto 'leer la Biblia con sus propios ojos', partiendo
de los interrogantes planteados por la vida diaria de sus
iglesias. Los documentos de los Congresos mencionados
muestran que es necesario que tanto los eruditos evangélicos como los expositores bíblicos occidentales vuelvan a
un punto de vista más bíblico e integral de la misión y la
evangelización, uniendo sus voces a las de los cristianos
de las iglesias del Tercer Mundo y de las minorías racia-
les en Norte América que propician una reforma semejante. Para hacerlo no solo señalan el material que ofrece
el Nuevo Testamento sobre el empuje misionero inicial en
el primer siglo sino también las evidencias históricas, porque siglo tras siglo la historia de la misión está repleta de
historias acerca del poder transformador de Cristo, especialmente cuando se trata de la vida de los pobres. Los
datos de estas fuentes revelan que la compasión para con
los pobres, los marginados y los oprimidos ha sido una
marca distintiva del carácter cristiano modelado por Jesús
mismo. Al mismo tiempo se advierte el efecto del evange-

lio sobre las estructuras sociales, ofreciendo ayuda a las víctimas de la injusticia social pero también desafiando y a veces transformado las raíces estructurales perversas de la injusticia social.

En la situación contemporánea, especialmente en el Tercer Mundo, el desarrollo económico y la lucha contra la pobreza y la opresión requieren un cambio mental y de estilo de vida, nuevas fuerzas para la voluntad de cambiar el mundo, y esperanza para persistir a pesar de la oposición y el fracaso. Escribiendo sobre los cambios resultantes de la conversión en los días del Nuevo Testamento, Michael Green dice que 'el profundo cambio que se produjo en estos hombres y mujeres cuando se confiaron a Cristo afectó su intelecto, su conciencia, su voluntad y su vida subsiguiente'.[7] Por otra parte, escribiendo sobre el movimiento protestante del siglo dieciséis, el economista suizo André Biéler nos recuerda lo siguiente: 'La levadura del evangelio devuelto al pueblo por el descubrimiento de la imprenta, más tarde por la pre-Reforma y finalmente por la Reforma, actuaba en esas masas atormentadas ya no como un consuelo piadoso justificando la injusticia de los grandes y la opresión de los poderosos, sino al contrario, como un estímulo enérgico que daba a los creyentes el valor de pensar y de decir la verdad …'[8]

En muchos campos misioneros contemporáneos, los proyectos de desarrollo económico tienen mejores perspectivas de éxito cuando operan sobre lo que podríamos llamar la infraestructura espiritual de la transformación cristiana. Desde luego que el evangelio se ha de predicar a toda criatura humana, primero y principalmente debido a que eso es obediencia al llamado del Señor Jesucristo, y no simplemente como una especie de instrumento puesto al servicio de proyectos y esquemas de desarrollo. No obstante, los proyectos de desarrollo que se relacionan con pueblos y movimientos entre los que se está operando un avivamiento espiritual tienen más posibilidades de éxito a largo plazo. Además, cuando han desaparecido los catalizadores y recursos extranjeros, estos proyectos tienen más posibilidades de convertirse en proyectos autóctonos que pueden perdurar. Dentro del marco de una auténtica comunión cristiana los agentes de desarrollo tienen más defensas contra el paternalismo. Aplicando principios bíblicos de reciprocidad, solidaridad y mutualidad los cristianos pobres adquirirán el poder necesario y podrán convertirse en agentes de su propia liberación en lugar de ser receptores pasivos de limosnas.

La ciudad de Lima, Perú, donde escribí originalmente estas líneas, está rodeada actualmente por enormes acumulaciones de pobres urbanos. Como en otros países latinoamericanos, en la última década del siglo veinte los pobres fueron seriamente golpeados por el costo social de los programas gubernamentales de estabilización económica. Estos programas lograron detener la inflación, frenar el terrorismo y privatizar empresas estatales ineficientes, pero también dieron lugar a un masivo desempleo y destruyeron programas de seguridad social que constituían el único recurso de personas pobres y privadas de derechos civiles. En los peores momentos de este proceso, miles de mujeres cristianas en iglesias pequeñas y pobres fueron y siguen siendo canales de ayuda para lograr la supervivencia, especialmente de niños y jóvenes. He oído a miembros de una variedad de organizaciones no gubernamentales (ONG) expresar su admiración y su alabanza por el aguante, la alegría y la capacidad de resistencia de muchos cristianos pobres y sencillos, que han enfrentado la miseria y la lucha por los derechos humanos con espíritu de solidaridad. Y ya hay en el proceso de recuperación y cambio evidencias de que estos cristianos pobres pueden ser importantes agentes de desarrollo hacia una nueva etapa. Es de esperar que contribuyan a construir un nuevo tipo de sociedad. Tanto la verdad bíblica como la historia de la misión nos ofrecen sólidos fundamentos para el optimismo. Examinemos brevemente algunas notas del Nuevo Testamento respecto a la manera en que se demuestra la dimensión social del evangelio.

Principios bíblicos de servicio

En Hechos 6.1–7 encuentro una descripción sumamente sugestiva sobre el enfoque integral de la misión, que comprende tanto la proclamación como el servicio, dentro de un contexto que se asemeja al de varios campos misioneros actuales. Este pasaje tiene una estructura simétrica, típica del autor de Hechos. Empieza (v. 1) y concluye (v. 7) con una referencia al crecimiento numérico de la iglesia, y entre estos dos puntos se ocupa de una crisis causada por ese crecimiento. Los judíos de habla griega se quejan de que sus viudas son desatendidas en la distribución diaria de ayuda que la iglesia practicaba de la manera más natural. En todo el pasaje aparece varias veces la palabra *diakoneō* o palabras relacionadas con ella. Este término representa una de las tres familias de palabras griegas que generalmente se traducen 'servicio' o 'ministerio' en castellano. En nuestra Biblia en castellano (NVI) se traduce como 'distribución diaria de los alimentos' (v. 1), 'servir las mesas' (v. 2), y 'ministerio de la palabra' (v. 4). La actividad de los apóstoles que debía centrarse en la predicación se entendía como 'ministerio de la palabra', en tanto que la actividad de los designados para organizar la distribución de la comida a los pobres era 'servir las mesas'. En conclusión, ambos aspectos de la misión eran necesarios y, más todavía, tenían una raíz común. Para llevar a cabo ambos aspectos eficientemente en la naciente iglesia de Jerusalén se hacía necesaria una reestructuración del liderazgo de la comunidad y en consecuencia se procedió a efectuarla eligiendo a los siete líderes tradicionalmente conocidos como 'diáconos'.

Aquí encuentro la relación con el esquema misionológico que ofreció Jesús y al cual hice referencia líneas arriba. El estudio de esta familia de palabras muestra el grado hasta el cual la persona y la obra de Jesús tuvo una influencia decisiva en el modo en que los autores del Nuevo Testamento fueron modificando con el uso la lengua griega de sus días. En el uso anterior del griego clásico *diakoneō* significa algo diferente porque, como escribió W. H. Beyer, "Para los griegos el servicio es poco digno; nacemos para mandar, no para servir … la fórmula del sofista: '¿Cómo puede ser feliz un hombre cuanto tiene que servir a alguien?' expresa la actitud griega básica."[9] La persona y el ministerio de Jesús agregaron una nueva dimensión al significado de esta familia de palabras. Como dice Beyer:

> El punto de vista de Jesús en cuanto al
> servicio nace del mandato veterotestamentario
> del amor al prójimo que él toma y vincula
> con el mandato de amar a Dios como lo que
> constituye la sustancia de la conducta ética
> divinamente anhelada para sus seguidores.
> Al proceder así Jesús purifica el concepto
> del servicio ante las distorsiones que había
> sufrido en el judaísmo. La actitud de Jesús
> hacia el servicio es completamente nueva
> en comparación con el entendimiento griego.
> La cuestión decisiva es que Jesús ve en
> el servicio aquello que hace de un hombre
> un discípulo suyo.[10]

La diferencia notable entre lo que significaba el servicio en la cultura griega y lo que llegó a significar en el uso neotestamentario se hizo posible porque existió un hombre llamado Jesús, quien tuvo un fuerte impacto en la memoria de una comunidad y en la cultura creada por esa comunidad. Cuando los escritores del Nuevo Testamento procuran dilucidar la realidad de la vida de Jesús con el fin de captar el significado de esa vida, encuentran en los llamados 'Cantos del Siervo' del profeta Isaías su mejor punto de referencia. Como hemos señalado en el capítulo 6 de este libro, una característica de Jesús es la conciencia de sí mismo, su claro sentido de identidad con el Padre. Además, no se limitaba a actuar de una manera determinada sino que explicaba sus acciones. Jesús alimentaba a las multitudes, sanaba a los enfermos y hacía amistad con los marginados; pero también predicaba y enseñaba.

Permítanme ofrecer un ejemplo de la forma en que esto puede llevarse a la práctica en el presente. Siento un gran respeto por las obras de asistencia, servicio y desarrollo del Comité General Menonita, una organización norte-americana que canaliza las obras sociales de veintidós familias o grupos de iglesias anabautistas, incluidos los menonitas y la iglesia de los Hermanos. Sus voluntarios trabajan muchas veces en situaciones de las más difíciles, y para ello su pacifismo constructivo, su tradición de vida en comunidad, su frugalidad y su disposición al servicio constituyen valiosos recursos. Esa tradición ha sido alimentada por una cristología que ha insistido en el señorío de Jesucristo y en la validez de su ejemplo para el disci-pulado en nuestros días. Respeto sus preocupaciones ecu-ménicas y su resistencia a evangelizar en algunas partes de América Latina, Asia y África donde están trabajando otras iglesias. Sin embargo creo también que la provisión de asistencia y servicio no puede estar divorciada de la evangelización, porque el mundo necesita tanto su pre-sencia como su proclamación.

La prueba de la fidelidad misionera a Jesús no será sola-mente la práctica de ciertas virtudes y la incorporación de determinadas actitudes, sino también la proclamación del Nombre que las hace posibles. El servicio (*leitourgia*) de nombrar y adorar al Mesías Siervo resulta esencial para captar las reales dimensiones de lo que significa vivir como sus seguidores. En el pasaje de Hechos 6 que hemos considerado hay una división de tareas pero, al pasar a los siguientes capítulos, encontramos, quizás sorprendentemente, que aquellos que, como Esteban y Felipe, habían sido designados para 'servir las mesas' eran al mismo tiempo destacados y valientes 'ministros de la palabra'. De hecho, los dones que se requerían de quienes fueron seleccionados para servir las mesas no eran solamente sus dones naturales de liderazgo, sino también la plenitud del Espíritu, que les permitía dedicarse a la acción misionera integral. Cuando se deja la mención, la adoración y la proclamación de Jesús a misioneros especializados y se tiene a otros que se especializan solamente en acciones de servicio, se fomenta una división de tareas demasiado alejada del modelo bíblico. Este mundo gime por más siervos evangelizadores y evangelistas servidores según el modelo de Jesús.

La Palabra y los hechos van de la mano

El diálogo entre practicantes y teólogos después del Congreso de Lausana proporcionó un valioso cimiento para la misión integral en el futuro al aclarar la base teológica para la misma, como también las formas en las que se han de relacionar entre sí la proclamación y el servicio. El *Informe de la Conferencia de Grand Rapids* que se dedicó al tema lo expresa de la siguiente manera: 'Porque el evangelio es la raíz de la que tanto el evangelismo como la responsabilidad social son los frutos. Como buenas nuevas del amor de Dios en Cristo, el evangelio demanda el ser predicado así como el ser vivido. Una vez hemos llegado a conocerlo tenemos la obligación de compartirlo con otros y de 'adornarlo' con buenas obras (Tito 2.10).'[11]

El documento establece la base trinitaria tanto para la misión como para la preocupación social, al declarar que creemos en 'el Dios de la justicia, quien en cada comunidad humana odia al mal y ama la rectitud', y un Dios de misericordia que, según el salmista, 'hace justicia a los oprimidos', y 'da de comer a los hambrientos' (Salmo 146.7). Más aun, creemos que el estilo misionero de Jesús reflejaba la bondadosa compasión de Dios su Padre, y el *Informe* nos recuerda: 'Más aun: la primicia del Espíritu Santo es amor (Gálatas 5.22). Por lo tanto, es él quien da a su pueblo una conciencia social tierna, y lo impulsa a sumergirse en ayuda y desarrollo humanitario, y en la búsqueda de la justicia social.'[12]

Los misioneros también encontrarán de ayuda la triple relación de la evangelización y la preocupación social dentro de la misión integral que este documento estableció y que he ilustrado con algunos ejemplos líneas arriba. Primero, la actividad social es una *consecuencia* de la evangelización. En efecto, la actividad social es uno de los principales objetivos de la evangelización, por cuanto Cristo se entregó a sí mismo por nosotros no solo 'para rescatarnos de toda maldad' sino también para 'purificar para sí un pueblo elegido, dedicado a hacer el bien' (Tito 2.14). Segundo, la actividad social puede constituir un *puente* para la evangelización, porque 'puede romper el prejuicio y la suspicacia, abrir puertas cerradas y lograr una audiencia a favor del evangelio'.[13] Tercero, la actividad social también acompaña la evangelización como *socia*, tal como lo vemos en el ministerio público de Jesús: 'Son como las dos hojas de las tijeras de cortar o las dos alas de un pájaro.'[14]

Hay un punto adicional en el que la consideración de la base teológica de la misión integral nos protege del error.

En muchas partes del mundo se extiende una popular 'teología de la prosperidad' que se recibe especialmente entre los pobres. Hay variedades norteamericanas, alemanas, sudafricanas, coreanas y brasileñas de esta teología, que se difunde mediante técnicas de mercado. La idea consiste en creer que la aceptación del evangelio proporciona éxito, salud y riqueza personal instantáneamente; que la enfermedad es invariablemente el resultado de la falta de fe; y que para adquirir los lujos de la sociedad de consumo es sencillamente cuestión de mencionarlos y pedirlos en oración, como un derecho. Este tipo de teología de la prosperidad no tiene en cuenta la responsabilidad social del cristiano. Como hemos visto a lo largo de este capítulo, el evangelio cambia a la gente y muchas veces ese cambio trae consigo una medida de prosperidad. Pero nunca debemos olvidar que la conversión a Jesucristo también puede traer consigo persecución y sufrimiento. Además, una prosperidad basada en la Biblia, que toma en cuenta seriamente el carácter de Dios, Jesucristo y el Espíritu Santo, siempre irá acompañada de un nuevo sentido de solidaridad y amor para con el prójimo. Esto está muy bien sintetizado en la advertencia del apóstol Pablo a los efesios: 'El que robaba, que no robe más, sino que trabaje honradamente con las manos para tener qué compartir con los necesitados' (Efesios 4.28). El evangelio no solo infunde nueva vida a las personas y les da la capacidad para trabajar honestamente y ahorrar para una vida más ordenada y holgada, sino que transforma la conciencia social, de modo que el creyente aprende gustosamente a 'compartir con los necesitados'.

Resumiendo, entonces, la misión como servicio en el nombre de Jesús comprende la proclamación del evangelio de salvación; la vida en comunión con el cuerpo, que es la iglesia; la adoración y oración en el nombre de Jesús; y también la multiplicidad de tareas que los discípulos de Jesús llevan a cabo en respuesta a las necesidades humanas.[15] La misión se modela con el ejemplo y la muerte salvífica de Jesús quien, en sus propias palabras, 'no vino para que le sirvan, sino para servir y para dar su vida en rescate por muchos' (Mateo 20.28). En el siglo veintiuno el escenario global ofrece semejanzas con el mundo que describe el libro de Hechos de los Apóstoles en los capítulos que aquí hemos explorado. La iglesia está creciendo y a la vez experimentando nuevos dolores de crecimiento en África, Asia, Europa oriental y América Latina, donde grandes cantidades de voluntarios occidentales pertenecientes a ONG cristianas aportan su tiempo y sus talentos. En algunos de estos lugares los voluntarios trabajan en una atmósfera en la que las iglesias están creciendo —en contraste con Europa y Norte América donde vemos un creciente estancamiento. El mundo que rodea a la iglesia en crecimiento no es ya la cristiandad, donde los valores y virtudes del cristianismo nominal estuvieron presentes alguna vez. Antes bien, los valores de la posmodernidad como también los de algunas sociedades premodernas son los de una selva competitiva y cruel. Las actitudes de las élites consumistas en Occidente y de los autócratas corruptos que gobiernan en algunas naciones del Tercer Mundo están más cerca de las de los griegos en la época anterior a la venida de Jesús, el supremo Siervo de Dios. Hoy la misión debería consistir en servicio, servicio tanto a lo espiritual mediante la proclamación de la Palabra, como a lo físico mediante la solución de necesidades humanas, siguiendo el modelo de Jesús, y en su nombre. En esta nueva era de globalización esto significa nuevos modelos de cooperación y nuevas formas de asociación para llevar a cabo la misión. Las exploraremos en el próximo capítulo.

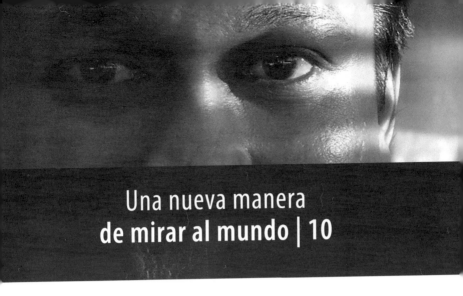

Armado con su Biblia y con la mejor preparación médica que podía ofrecerle una prestigiosa universidad norteamericana, Daniel Fountain viajó a Zaire como misionero médico bautista estadounidense. Después de casi treinta años de práctica médica en África volvió un hombre cambiado. En el curso de una vida de servicio tuvo que abandonar algunas de las ideas que la universidad le había enseñado en cuanto a la naturaleza humana, y sus ojos le fueron abiertos a nuevas perspectivas por sus hermanos y hermanas en el África. Su libro *Health, the Bible and the church* (La salud, la Biblia y la iglesia) es el resultado de un año que dedicó a reflexionar sobre su práctica, y describe un entendimiento nuevo y renovado de lo que enseña la Biblia acerca de los seres humanos. Se trata de un vigoroso llamado a cambiar la forma en la que consideramos a los seres humanos. Dice el doctor Fountain que 'la filosofía secular ignora o incluso niega el reino del espíritu porque está más allá de los límites de la experimentación científica. La vida no tiene ningún significado último y Dios se ha vuelto irrelevante para cualquier consideración en cuanto a salud y curación'[1]. Pero en su práctica médica encontró que buena parte del estado de enfermedad y de falta de salud provienen precisamente de esa pérdida de sentido y propósito en la vida. Así que no pudo evitar llegar a la conclusión de que, 'si la persona enferma ha de ser sanada, en el proceso de restauración tenemos que abarcar el centro de la personalidad donde reside la búsqueda de significado y propósito'[2].

Mediante la práctica médica y la lectura de la Biblia, el doctor Fountain descubrió *una manera nueva de mirar al mundo*. Su experiencia es una buena ilustración de la poderosa afirmación del apóstol Pablo sobre la forma en la que un encuentro con Jesucristo cambia nuestra perspectiva. 'Así que de ahora en adelante no consideramos a nadie según criterios meramente humanos' (2 Corintios 5.16). Esta afirmación va seguida de una referencia a la fuente de su nueva perspectiva cuando Pablo escribe, 'aunque antes conocimos a Cristo de esta manera, ya no lo conocemos así. Por lo tanto, si alguno está en Cristo, es una nueva creación. ¡Lo viejo ha pasado, ha llegado ya lo nuevo!' (vv. 16–17). Como comenta el biblista F. F. Bruce, 'un aprecio del Cristo crucificado comprende una transvaloración de los valores y en particular la inversión total de los cánones seculares de sabiduría y poder'[3].

Las observaciones autocríticas del doctor Fountain con respecto a la práctica médica también podrían aplicarse a la consejería, la enseñanza, la tarea pastoral y misionera. "Por muchas razones hemos perdido el arte de la comunicación ... Los especialistas médicos pueden reparar, modificar o apuntalar el cuerpo humano con gran pericia y hasta tenemos un creciente suministro de 'piezas de repuesto.' Con todo, pareceríamos incapaces de tocar el espíritu humano o proporcionar sanidad total a la persona enferma."[4] Fountain encontró que los médicos 'despersonalizan' a las personas enfermas convirtiéndolas en 'pacientes' y haciéndolos simples objetos de estudio y tratamiento. Dice que la preparación científica que enseña a los médicos a pensar objetivamente ha hecho de la relación médico-paciente una relación no recíproca. "Dado que no podemos medir las relaciones, estas no son 'científicas.' De modo que no consideramos a la familia o a los contextos sociales como factores etiológicos en el desarrollo de la enfermedad ni como posibles aliados terapéuticos en el proceso de curación."[5]

Los misioneros también deben estar en guardia contra las prácticas que 'despersonalizan' a otros, convirtiéndolos en objetos, los 'no alcanzados', que han de ser 'ganados' por medio de la evangelización. De esta manera 'los no-alcanzados' se transforman en objetos sin rostro que usamos para cumplir nuestros planes y demostrar la efectividad de nuestras estrategias. Valoro el esfuerzo por descubrir dónde es más necesaria la evangelización, mediante el uso de la enorme acumulación de datos estadísticos disponibles actualmente respecto a pueblos y lugares. Pero esto puede fácilmente convertirse en una 'técnica' que satisface la sed de precisión científica en el manejo de las personas que es característica de Occidente, y de algunas sociedades asiáticas occidentalizadas. La obra misionera bíblica, como la verdadera medicina, establece relaciones recíprocas porque los propios misioneros son personas, no simplemente técnicos. En consecuencia, son verdaderamente respetuosos de la libertad y la dignidad de aquellas personas a las cuales llegan como misioneros. Están abiertos al modo en el que, en medio de la acción misionera, Dios puede transformar tanto a los propios misioneros como también a aquellos a quienes quieren salvar y alcanzar en la tarea misionera. La misión requiere una continua recuperación del punto de vista bíblico sobre la persona.

Compartiendo con sus lectores un gran número de experiencias de su práctica misionera, el doctor Fountain también nos conduce hacia una exploración de la enseñanza bíblica sobre temas como la gente, la salud, la enfermedad, la plenitud, y hasta los alimentos. Cuando reflexiona sobre sus años de experiencia llegamos a comprender mejor una de sus conclusiones:

> La cosmovisión o visión bíblica del mundo es el marco que recibimos de la Palabra de Dios, la Biblia, a la vez que de Jesucristo. Este es el marco en el que nosotros como cristianos tenemos que encuadrar nuestra manera de pensar, nuestros modos de hacer las cosas y nuestros juicios. La visión secular del mundo, por otra parte, es el marco que hemos desarrollado tomando como base solamente la sabiduría, la razón y la observación humanas y que depende solo de ellas. Es preciso que entendamos las diferencias fundamentales entre estas dos maneras de ver el mundo.[6]

La práctica médica en el campo misionero realizada según los cánones corrientes de la medicina occidental resultó insuficiente para el doctor Fountain. Forzado por el clamor de la necesidad humana y por su propio compromiso de servir al pueblo, redescubrió la pertinencia de la visión bíblica sobre las personas. Redescubrió el punto de vista integral que incluye la dimensión espiritual de la vida.

De la misión a la teología

Hay una conexión entre las conclusiones del doctor Fountain y la afirmación de Pablo en 2 Corintios 5 ('de ahora en adelante no consideramos a nadie según criterios meramente humanos'), frase que se escribió dentro de un contexto misionero. Aun cuando Pablo había tenido un concepto equivocado sobre el Mesías, o tal vez una concepción equivocada de Jesús de Nazaret (vv. 14–15), al convertirse no solo tenía una visión nueva de Cristo, sino también un modo nuevo de mirar a los seres humanos. La igualdad ante Dios más allá de las fronteras culturales y étnicas es la dimensión de lo humano que Pablo había descubierto en Cristo. Comenta Ajith Fernando, un pensador cristiano de Sri Lanka: 'La raza, la clase y la educación son todos insignificantes a la luz de la sorprendente acción llevada a cabo por Dios, cuya luz es tan fuerte que los otros factores humanos palidecen hasta volverse insignificantes.'[7]

Esta segunda epístola a los corintios a la cual hago referencia se ocupa en varios momentos del estilo misionero de Pablo, que nace de su cristología, y es consecuente con la enseñanza de otros escritos paulinos. En Cristo emerge un nuevo género humano en el encuentro entre griegos y bárbaros, sabios y necios, judíos y gentiles, amos y esclavos, varón y mujer. En la base del sentido de llamamiento que atrapa a los cristianos y los impulsa a la acción misionera está un fundamental cambio de perspectiva operada por un encuentro con Jesucristo, una transformación que los lleva a considerar a 'el otro' de una manera diferente. Para los cristianos hoy esto significa aceptar a los que son diferentes a nosotros como criaturas de Dios a quienes él ama y quiere alcanzar con las buenas noticias del evangelio. Así fue el caso del apóstol Pedro. Fue llamado por Dios para atravesar fronteras étnicas y culturales con el fin de llevar el evangelio a Cornelio, el centurión romano. Al proceder así su visión, y en consecuencia su teología, se vio ampliada y transformada, cuando confesaba que, si bien 'nuestra ley prohíbe que un judío se junte con un extranjero o lo visite', no obstante 'Dios me ha hecho ver que a nadie debo llamar impuro o inmundo' (Hechos 10.28).

Este cambio de perspectiva, esta nueva manera de mirar a otras personas, provocó tensiones en la iglesia primitiva. Cuando el evangelio fue cruzando fronteras geográficas y culturales el misionero se dio con 'el otro', de un modo nuevo. Volviendo a 2 Corintios, la enseñanza práctica de Pablo sobre la vida de la iglesia demuestra que no se negó a ocuparse de las espinosas cuestiones teológicas y pastorales planteadas por el encuentro transcultural. Así, en la época de la *pax romana* (27 a.c.–180 d.c.), la forma común · en que griegos, judíos y romanos se trataban unos a otros fue confrontada por una nueva forma de trato, propia del discípulo cristiano. Y en el mundo del siglo veintiuno el modo secular de ver a los demás también ha de ser confrontado por el redescubrimiento de una nueva manera de obrar. Desde la frontera de la vida misionera llega el debate que desafía a las normas seculares a la vez que revitaliza la teología.

Otras voces que provienen de la experiencia misionera también nos están llamando a cuestionar seriamente la visión secular contemporánea del mundo. Pienso en el respetado antropólogo Charles H. Kraft, anteriormente misionero y traductor bíblico en África, además de profesor en la Escuela de Misión Mundial del Seminario Fuller en Pasadena, California. En su libro *Christianity With Power* (Cristianismo con poder), subtitulado *Your Worldview and Your Experience of the Supernatural* (Tu cosmovisión y tu experiencia de lo sobrenatural)[8], el punto de partida de Kraft es su experiencia carismática relacionada con el controvertido curso sobre 'Señales y Maravillas' que John Wimber dictó en el Seminario Fuller en los primeros años de la década de 1980. Kraft atribuye su encuentro especial con el Espíritu Santo a sus experiencias en Nigeria. Allí se había visto frustrado porque los líderes cristianos nativos tenían una fuerte conciencia del enfrentamiento con poderes espirituales en su experiencia religiosa, en tanto los misioneros, formados con una cosmovisión secularista, no podían ayudarlos. 'Habíamos traído un mensaje esencialmente impotente a un pueblo para el que el poder era algo de lo cual estaban muy conscientes', dice Kraft.[9]

Algunas de las cuestiones planteadas por las experiencias de Kraft dentro de la estructura del movimiento vinculado a las 'señales y maravillas' en California requieren discernimiento teológico y pastoral para poder ser evaluadas adecuadamente. Pero pienso que, aparte de la forma en que percibamos sus experiencias, la contribución de Kraft como antropólogo es importante para entender el desarrollo de nuestra cosmovisión moderna e 'ilustrada' y poner de manifiesto la necesidad de salir de su cautiverio, a fin de que una cosmovisión cristiana consecuente resulte operativa en nuestra vida y ministerio. Kraft nos advierte del hecho de que

> La mayoría de las mentalidades creativas en las sociedades occidentales en general ignoran la naturaleza espiritual de los seres humanos o la confunden con nuestra constitución psicológica. Y la posibilidad de la existencia de seres espirituales no humanos en el universo, cuya presencia puede hacer una diferencia real, generalmente se considera como ficción. Como humanos se supone que somos producto de procesos naturales tales como la evolución y las relaciones sexuales. El concepto de humanos hechos a la 'imagen de Dios' resulta desconcertante, incluso para muchos cristianos.[10]

Fountain y Kraft, cada uno de ellos a su modo, independientemente el uno del otro, y probablemente sin tener conciencia de sus coincidencias, han realizado el tipo de tarea teológica que el gran misionólogo Lesslie Newbigin delineó en sus ahora famosas Conferencias Warfield que pronunció en el Seminario de Princeton en 1984. El título que les puso cuando aparecieron en forma de libro, *Foolishness to the Greeks* (*Necedad para los griegos: El evangelio y la cultura occidental*), hace referencia a las palabras del apóstol Pablo en 1 Corintios 1.23 en el sentido de que el mensaje del evangelio resultaba 'locura' o 'necedad' para los griegos. 'No hay mayor prioridad para la investigación de los misionólogos', dice Newbigin, 'que la de hacer la pregunta sobre lo que significaría un encuentro genuinamente misionero entre el evangelio y esta moderna cultura occidental'[11]. Para Newbigin es evidente que dicha prioridad es urgente, no solamente para quienes tienen que ver con el misionero que cruza fronteras en otras tierras, sino también para pastores, evangelistas y profesores de seminario que tienen que ocuparse del encuentro misionero en los Estados Unidos, o en Europa. Newbigin llegó a la formulación de dicha agenda después de pasar treinta años como misionero en la India, y luego volver a Inglaterra a ministrar en una parroquia de obreros de fábrica. Allí experimentó el resultado del proceso de secularización que, durante su ausencia, había modificado profundamente la cultura de su país. Newbigin describe cómo los misioneros occidentales de nuestros tiempos han llegado a participar de la pérdida general de confianza en la cultura occidental moderna. Dice que, 'han tomado mayor conciencia del hecho de que en su presentación del evangelio con frecuencia han confundido percepciones condicionadas culturalmente con la sustancia del evangelio y de esta manera equivocadamente han alegado autoridad divina para las relatividades de una cultura'[12].

Lo que a Newbigin le resultó sorprendente fue que en toda la literatura misionológica acerca de la contextualización no había ninguna reflexión seria sobre 'el hecho de que la cultura occidental se había vuelto resistente al evangelio'. La realidad era que mientras la iglesia crecía en grandes regiones de Asia, África y Oceanía, en las regiones donde predomina la cultura occidental 'la iglesia se está reduciendo y el evangelio parecería estar cayendo sobre oídos sordos'[13].

Además de fijar la agenda misionológica, Newbigin contribuyó a la tarea evaluando críticamente la Ilustración y su influencia sobre la teología occidental.[14] Newbigin repasa brevemente varias teologías, entre ellas un tipo de teología liberal 'en la que los límites de lo que es posible creer estaban firmemente fijados por los axiomas de la Ilustración, en la que se daba por sentado que la cosmovisión científica moderna proporciona el único relato confiable de cómo son las cosas realmente, y de que la Biblia ha de entenderse solo en función de dicho relato. Esto exigía una reconstrucción de la historia bíblica siguiendo las líneas de la ciencia histórica moderna. Exigía la eliminación del milagro'.[15]

Fountain y Kraft coinciden con Newbigin en su crítica del punto de vista reduccionista de las personas que nace de ceder frente a la cosmovisión de la Ilustración. No obstante, no niegan el valor de la ciencia a la manera de ciertas teologías fundamentalistas. Por medio de su práctica y experiencia muestran las limitaciones de una cosmovisión secularista, y recalcan la necesidad de hacer lugar a las dimensiones humanas hacia las que apunta el mensaje de la Biblia. El Pacto de Lausana ubica esta cuestión como un aspecto del conflicto espiritual que presupone la misión:

> Reconocemos que nosotros mismos no estamos
> inmunes a la mundanalidad del pensamiento

y la acción, es decir a una contemporización
con el secularismo. Por ejemplo, aunque
los estudios del crecimiento de la iglesia tanto
numérico como espiritual tienen su lugar y
valor cuando se hacen con cuidado, a veces
los hemos descuidado. Otras veces, en el
deseo de asegurar una respuesta al evangelio,
hemos acomodado nuestro mensaje, hemos
manipulado al oyente por medio de técnicas
de presión, nos hemos preocupado demasiado
por las estadísticas y hasta hemos sido
deshonestos en el uso que hemos hecho de ellas.
Todo esto es mundanal. La iglesia debe estar en
el mundo, pero no el mundo en la iglesia.

Párrafo 12

Más allá del provincialismo

Las sociedades occidentales se han convertido en campos
misioneros, y la nueva manera de mirar al mundo adqui-
rida por misioneros como los que hemos mencionado, en
el curso de su servicio, constituirá un factor importante
en la re-evangelización de Occidente. Newbigin, Kraft y
Fountain pertenecen a un tipo de misionero que salió al
campo misionero dispuesto no solo a enseñar sino también a aprender, a enriquecerse mediante la confraternidad y la asociación con sus colegas, hermanos y hermanas
en otras culturas y lugares. Sus escritos y su actitud muestran que en lugar de imponer un paquete anglosajón de
métodos y sistemas en la India o el África, fueron a servir
y a aprender, y volvieron con apreciaciones y perspectivas
que habrían de enriquecer la vida de sus iglesias de origen.
Algunos misionólogos llaman a esto 'misión a la inversa',
en tanto que otros usan la imagen de una calle donde el

tráfico va en dos sentidos, para describir la dinámica del proceso.

Al ingresar en una nueva fase de la historia de la misión cristiana, ahora con una iglesia verdaderamente global, ha llegado la hora de revisar toda clase de provincialismos que han caracterizado la relación entre iglesias nuevas y antiguas, ricas y pobres, del norte y del sur. Hay una especie de provincialismo en personas como yo mismo que, como bautista latinoamericano, inicialmente no podía considerar el orden litúrgico, el bautismo infantil, la vestimenta clerical o la autoridad episcopal como cosas compatibles con una posición evangélica. El contacto con hermanos y hermanas luteranos y anglicanos que tienen convicciones evangélicas y están comprometidos con la obra misionera en diferentes partes del mundo ha ampliado mis horizontes, y me ha ayudado a ver nuevas dimensiones de la forma en la que el Espíritu de Dios ha obrado en la historia y sigue obrando hoy. Dada mi experiencia en América Latina nunca tuve hacia mis hermanos y hermanas pentecostales una actitud provincialista, es decir estrecha o provinciana. Su celo evangelístico y su esfuerzo hacia la santidad fue vital en el desarrollo de la obra estudiantil evangélica en mi parte del mundo. Mis dificultades se daban más bien con los cristianos de las iglesias litúrgicas europeas más antiguas y los ortodoxos. ¿Sería posible que el Espíritu Santo estuviese obrando en ellas?

Sin embargo, he conocido también el tipo opuesto de provincialismo, de parte de antiguas iglesias establecidas y litúrgicas que tienen dificultad para aceptar que el Espíritu Santo puede estar obrando en las ruidosas y exuberantes formas de adoración y evangelización practicadas por iglesias pentecostales o independientes en el hemisferio sur, o entre gente pobre y marginada en Norte América y Europa. Pienso también en otros tipos de provincialismo. Recuerdo, por ejemplo, una discusión teológica a la que asistí en Grand Rapids, Michigan, donde un pastor de la tradición reformada me dijo que la posición pacifista de un estudiante menonita de Etiopía era indicación de que no se le había enseñado una hermenéutica evangélica adecuada. Pienso en mi propio desconcierto cuando en 1969 mi amigo Moisés Chávez me llevó a una Asamblea Mesiánica en Jerusalén que se reunía los sábados, efectuaba las lecturas del Antiguo Testamento según los rabinos judíos, y cuyos líderes me pidieron que no usara la palabra 'cristiano'. Hablando con algunos de estos creyentes judíos descubrí que no podían concebir otras formas de seguir a Jesús que la de ellos. Las personas que menciono en estos ejemplos están todas profundamente comprometidas con la obligación misionera de la iglesia y son activas en ella. ¿Es posible que todos estos provincialismos mutuamente excluyentes sean practicados por personas que fueron salvadas por el mismo Señor, con el poder del mismo Espíritu Santo? Quienes profesamos la fe evangélica tenemos que revisar estas actitudes, si hemos de adquirir una mejor comprensión de la iglesia global y una mayor participación concertada en la misión global en el futuro.

He tomado el término 'provincialismo' de David Shank, misionero menonita que pasó veintitrés años como misionero en Bélgica, y posteriormente trece años en Costa de Marfil. Shank nos recuerda que 'hoy el África posee, sin rival alguno, la distinción de ser el lugar donde el mayor número de personas en la historia pasaron a la fe cristiana en el tiempo más breve'[16]. Desde 1959 los menonitas norteamericanos se han relacionado con un gran número de iglesias independientes en África que se han hecho conocer por el nombre técnico de *African-Initiated Churches* (AICS) o sea iglesias iniciadas desde el África. La intención de los misioneros no fue lograr que estas iglesias se hiciesen menonitas sino asociarse con ellas para llevar adelante la misión en África. Escribe Shanks que 'en Occidente estamos ingresando en una era en la que tenemos que aprender a escuchar lo que nuestros hermanos y hermanas alrededor del globo tienen para decirnos. La naturaleza de la iglesia mundial lo exige. El nuevo mandamiento de Cristo a amarnos unos a otros exige una reciprocidad que va más allá del heterogéneo conjunto formado por los Doce.'[17] Según Shanks, los menonitas han aprendido mucho del mencionado grupo de iglesias; enumera seis lecciones: (1) que la fe de los poderosos es irrelevante y que la misión tiene que caracterizarse por el servicio, (2) que el evangelio es una fuente de poder liberador, (3) que la fe es un combate espiritual, (4) que la interpretación occidental de la Escritura no constituye la palabra final, (5) que a Dios se lo experimenta como un misterio divino que inspira asombro, y (6) que el poder de la comunidad de la fe está en el laicado.[18]

Nuevas asociaciones para la misión

La participación global de las iglesias será indispensable para la misión en este nuevo siglo. Entre evangélicos esta convicción fue creciendo durante el último cuarto del siglo veinte. Durante el Congreso de Lausana en 1974 los evangélicos alcanzaron un consenso en cuanto a que la misión cristiana global se había convertido en la responsabilidad de una iglesia global, y no solo el privilegio de la empresa misionera occidental. Como declara el Pacto de Lausana:

> 'Nos gozamos de que una nueva era misionera haya comenzado. El dominante papel de las misiones occidentales está desapareciendo rápidamente. Dios está levantando de las iglesias jóvenes grandes y nuevos recursos para la evangelización mundial, y está demostrando así

que la responsabilidad de evangelizar pertenece a todo el cuerpo de Cristo'.

Párrafo 8

El Pacto pedía a todas las iglesias que participasen en la misión global y que volviesen a evaluar su propio papel. Estas nuevas formas de asociación no solo eran urgentes desde una perspectiva práctica; tenían también significación teológica y testimonial: 'Así crecerá el compañerismo entre las iglesias y se manifestará con mayor claridad el carácter universal de la iglesia de Cristo' (párrafo 8).

Ante la urgencia de la tarea, debido al hecho de que más de dos tercios de la humanidad no ha sido evangelizada aún, el Pacto urge a las iglesias y organizaciones para-eclesiásticas a orar y a iniciar nuevos esfuerzos misioneros.

El Pacto revela algunas de las consecuencias de tomar en serio la nueva era misionera que ha amanecido:

'Debe haber un libre intercambio de misioneros de todos los continentes a todos los continentes, en un espíritu de servicio humilde. La meta debe ser por todos los medios disponibles y en el más corto plazo posible, que toda persona tenga la oportunidad de escuchar, entender y recibir la buena nueva.'

Párrafo 9

A esta afirmación sigue una nota de realismo, con una advertencia y un llamado que son particularmente pertinentes para nuestro tema:

No podemos esperar alcanzar esta meta sin sacrificio. Todos nos sentimos sacudidos por la pobreza de millones de personas, y perturbados por las injusticias que la causan. Los que vivimos en situaciones de riqueza

aceptamos nuestro deber de desarrollar un
estilo de vida simple a fin de contribuir más
generosamente tanto a la ayuda material como
a la evangelización.

Párrafo 9

Casi treinta años después de haberse dado a conocer estas palabras, la referencia a la pasmosa pobreza como también el llamado a un estilo simple de vida se han vuelto más pertinentes que nunca para nuestra discusión sobre la asociación global para la misión. La globalización ha facilitado la comunicación hasta el punto de que ahora se cuenta con medios materiales y tecnológicos para crear y desarrollar asociaciones transnacionales y transcontinentales para la convocatoria, la preparación y el envío de misioneros. Por otra parte, el crecimiento de disparidades económicas y sociales agrega dificultades al desarrollo de asociaciones globales efectivas.

Quince años después de Lausana, el misionólogo Larry Pate reunió información sobre la participación activa de iglesias del Tercer Mundo en la misión cristiana global. Pate describió dramáticamente la agonía de las misiones occidentales que enfrentaban restricciones en países que cerraban sus fronteras a los misioneros, a la vez que el resurgimiento y la creciente actividad de antiguas religiones. No obstante, equilibró esto con un entusiasta informe sobre 'el floreciente crecimiento de misiones a cargo de cristianos en el mundo de los Dos Tercios'. Dijo claramente que 'una buena parte del futuro de la misión corresponde a los misioneros de América Latina, África, Asia y Oceanía'[19]. También ofreció estadísticas que mostraban un firme aumento de dicho movimiento misionero, algunos valiosos estudios de caso y un directorio de agencias del Tercer Mundo que enviaban misioneros a otras regiones del mundo.

Se ha dado un crecimiento continuo y firme de esta actividad misionera desde países no occidentales. Los datos con que contamos son aproximados y tienen que ser corroborados, pero muestran un significativo crecimiento. Cualquiera que asista a conferencias misioneras, celebraciones o encuentros misionológicos sabe que la presencia de representantes de organizaciones misioneras jóvenes y florecientes del mundo no occidental se ha hecho cada vez más evidente en Norte América y Europa. Hay un número cada vez mayor de misioneros enviados por agencias no occidentales dedicadas a la nueva evangelización de Europa y Norte América, y a la promoción y preparación de agencias misioneras occidentales tradicionales. Tomando un ejemplo de América Latina, las cifras reunidas por Pate muestran que la cantidad de agencias que envían misioneros había pasado de 61 en 1972 a 92 en 1980 y a 150 en 1988. El número estimado de misioneros enviados desde América Latina había subido de 820 en 1972 a 1.127 en 1980 y a 3.026 en 1988.[20] Un estudio publicado en 1997 registraba la existencia de 284 agencias protestantes que enviaban misioneros y un total de 3.921 misioneros enviados desde América Latina.[21] El cálculo más reciente de COMIBAM señala que hay más de 8.500 misioneros enviados por unas 400 organizaciones.[22]

Al comienzo este crecimiento fue espontáneo; no se trataba de una respuesta a las técnicas de movilización que las agencias occidentales pueden haber desarrollado. Como lo he expresado en otra parte de este libro, la visión y el empuje misionero siempre han estado relacionados en la historia con movimientos de despertamiento espiritual. Las actitudes misioneras marcan a iglesias jóvenes, donde la memoria de su origen está viva todavía, pero también a iglesias antiguas cuando son sacudidas y revitalizadas. La vitalidad espiritual de las personas, de las iglesias y de las denominaciones en épocas de despertamiento ha alimentado la visión y el deseo de obedecer a Cristo, y de este modo ha hecho posibles grandes adelantos en la misión. El avivamiento ha sido la cuna de las vocaciones misioneras y el tipo de entorno en el que se han imaginado nuevas estructuras para la misión. El simple peso numérico de una iglesia no produce vocaciones misioneras en forma natural ni siguiendo una lógica humana. En América Latina los católicos están preocupados por el hecho de que si bien la mitad de los católicos del mundo vive en América Latina, solo el 2% de la fuerza misionera católica proviene de esa región.[23] Comentando las palabras del profeta: '¡Jehová, aviva tu obra en medio de los tiempos!' (Habacuc 3.2, RVR), Paul Hiebert lo ha expresado claramente:

> Toda visión a largo plazo para las misiones ha de incluir no solamente la formación de nuevas iglesias sino también la renovación de las antiguas. Lo primero sin lo último finalmente conduce sólo a campos llenos de muertos y a iglesias moribundas. El nacimiento de nuevas congregaciones no es garantía alguna de que se mantengan espiritualmente vivas.[24]

La nueva humanidad en perspectiva bíblica

Las asociaciones globales para la misión constituirán una expresión tangible de la visión bíblica de la iglesia como los primeros frutos de la nueva humanidad que Dios está creando. En un mundo fragmentado y desesperanzado, un testimonio poderoso de la realidad del reino de Dios lo ofrecerá la continuidad de la misión cristiana mediante agencias que en su constitución y política expresen la universalidad del evangelio. La visión del pueblo de Dios como una confraternidad de discípulos que han sido transformados por el poder del evangelio y que viven de tal manera que ofrecen un desafío a los valores del mundo es una visión arraigada en la práctica y la enseñanza del Nuevo Testamento sobre la misión. La iglesia está llamada a ser un instrumento de Dios para la misión, un pueblo misionero, una comunidad de personas transformadas que viven en una nueva comunidad, señal del reino de Dios en acción en medio de la historia humana. Como lo ha expresado Padilla: "La misionología que la iglesia necesita hoy no es una que conciba al pueblo de Dios como una cita tomada de la sociedad que la rodea, sino que la concibe como 'un signo de interrogación hecho carne' que cuestiona los valores del mundo."[25]

Buena parte del material contenido en el Nuevo Testamento puede leerse como la descripción de la crisis ocasionada por el primer gran paso en la misión transcultural y la forma en que la resolvieron los apóstoles. Cuando el evangelio se traslada del mundo judío al gentil, la responsabilidad misionera pasa de la primera generación de cristianos judíos a las heterogéneas comunidades en el mundo greco-romano. El apóstol Pablo fue elegido por Dios como el campeón de este gran paso misionero que tiene un valor paradigmático para la iglesia a lo largo de las edades. Los escritos de Lucas reflejan las convicciones y la práctica de Pablo. Otros escritos, como los de Juan, muestran otras dimensiones del mismo desarrollo. En la visión bíblica de la realidad aparecen elementos únicos que no encajan en el molde de las cosmovisiones contemporáneas, sino que aparecen en tensión creativa con ellas. La iglesia es la comunidad que vive mediante la visión bíblica. La iglesia proclama, en su culto como también en su servicio, su mensaje y su estilo de vida, que la existencia del universo y la historia humana solo pueden entenderse y adquirir sentido dentro del propósito de Dios, manifestado en Jesucristo por el poder del Espíritu Santo. Una vez más, Padilla lo expresó con elocuencia: 'Con la venida de Jesucristo se han derribado las barreras que dividen a la humanidad y se ha puesto en marcha un proceso por el cual *en la iglesia y por medio de la iglesia* está tomando forma una nueva humanidad.'[26] Dado que la iglesia ve su propia existencia como el cumplimiento de esa visión bíblica y vive por ella, es, por consiguiente, una comunidad que encarna esa tensión creativa, con todas las contradicciones y agonías que esto conlleva.

Con su dinamismo tecnológico y económico sin precedentes, el proceso de la globalización en nuestro tiempo coloca ante nosotros candentes cuestiones de raza y cultura, etnicidad y multiculturalismo, justicia y paz. Una iglesia global que desarrolla asociaciones nuevas para la misión enfrenta una tarea imposible, pero Dios es el Dios de lo imposible. En un comentario sobre el libro de Apocalipsis, Justo González nos ha recordado que los desafíos ante nosotros son similares a los que enfrentó la iglesia del Nuevo Testamento en el imperio romano. Señala especialmente el desafío del multiculturalismo que existe no solo en la sociedad sino también en el seno de la iglesia, y dice:

> Cómo nos enfrentemos a estos retos es una
> cuestión de suma importancia para la iglesia
> y su misión, al menos por dos razones. Primera
> y la más importante: si la comunidad cristiana
> ha de ser como una ciudad asentada sobre un
> monte, o como un faro que guía al mundo hacia
> el futuro de Dios, su propia vida interna tiene que
> apuntar hacia ese futuro. Si el evangelio cristiano
> no tiene suficiente poder dentro de la iglesia
> para ayudarnos a salir airosos de los conflictos
> étnicos y culturales, difícilmente podemos decir

que es buenas nuevas de esperanza para un mundo que se enfrenta a las mismas dificultades en una escala mucho mayor. La iglesia ha de manifestar unidad, pero no ante todo para su propio provecho, o para su propio orden, su propia seguridad, etc. La iglesia ha de manifestar unidad porque una iglesia fragmentada no tiene mucho que decirle a un mundo fragmentado.[27]

Uno de los temas dominantes del libro de Apocalipsis es el culto de adoración, pero de adoración entendida en su rico sentido bíblico que incluye practicar la justicia y rechazar la idolatría. Parte de la nueva manera de mirar al mundo que encontramos en Apocalipsis es la mirada esperanzada que Juan de Patmos expresa hacia la humanidad, donde 'una multitud tomada de todas las naciones, tribus, pueblos y lenguas' (7.9) aparece ante el Cordero en actitud de adoración. Esto sugiere que mientras nos ocupamos de las acciones de obediencia misionera al Cordero y que mientras le ofrecemos adoración en nuestras iglesias locales y le servimos en asociaciones globales, nos movemos en la dirección hacia donde nos está dirigiendo Dios:

> La adoración es también un ensayo. Es un anticipo de lo que ha de venir. Es el medio que nos recuerda que nuestras vidas y nuestro mundo tienen una meta, y que esa meta es el día cuando toda tribu, nación, lengua y pueblo adorarán a Dios y al Cordero. El culto, aun dentro de nuestra pequeña comunidad de adoración es un anticipo de la gran ciudad, la nueva Jerusalén, que Juan vio descender del cielo, de Dios. Es práctica para el reino. Es anticipo del reino de Dios.[28]

Este libro fue concebido como una brevísima introducción al estudio de la misión cristiana. La idea del autor ha sido ofrecer a quienes sienten inquietud por obedecer a los imperativos misioneros del evangelio, una visión panorámica de los desafíos que se plantean, y de algunos de los recursos disponibles. Apenas hemos podido, por así decirlo, rascar la superficie de lo que hoy en día es una disciplina compleja y en constante crecimiento. En este capítulo propongo un itinerario para quienes quieran seguir informándose y reflexionando sobre el tema de la misión cristiana. Confío también que entre mis lectores y lectoras haya personas activas en la labor misionera de sus iglesias, a las cuales deseo animar a seguir reflexionando sobre su propia práctica.

En mi experiencia como profesor de esta materia durante veinte años, fueron los alumnos que eran misioneros y activistas de la misión quienes agregaron vida a mis clases, con sus preguntas, sus ampliaciones y sus correcciones al material que yo ofrecía. Creo que mis clases y las lecturas que proponía les ayudaban a profundizar en el fundamento para lo que hacían; y también les abrían nuevos horizontes, llevándolos a considerar lo que otros misioneros, distantes de ellos en el tiempo o el espacio, hicieron o hacen en su servicio al Señor. He conocido también a muchos misioneros que son escépticos respecto a los estudios misionológicos, que les parecen demasiado teóricos o abstractos. Quienes tienen esta actitud corren el peligro de terminar en una rutina misionera que se limita a repetir modelos de actividad misionera a veces ya superados por su ineficacia. En el servicio cristiano es sano, y yo diría indispensable, detenerse de tiempo en tiempo para evaluar la propia práctica a la luz de la Palabra de Dios y de la historia.

Como se habrán dado cuenta mis lectores, al considerar los autores y fuentes que he usado en este libro, existe una masa creciente de estudios sobre la misión cristiana. También se habrán dado cuenta que la mayor parte de ese material está publicado en inglés. En lengua castellana disponemos de mucho menos recursos. Además, los problemas de mercadeo de los libros cristianos en castellano hacen que no todo lo que se publica sea accesible con facilidad a todos los lectores de habla hispana: algo que se publica en México o Colombia puede tardar años antes de conocerse en Argentina o España. Así que aquí ofrezco una lista limitada que refleja mi propia perspectiva y lo que hay disponible en nuestra lengua. Felizmente la Internet permite navegar en pos de información y hasta facilita la adquisición de libros, o el acceso directo a textos. He procurado referirme a publicaciones más o menos recientes, pero unos pocos de los libros que aquí menciono son antiguos y el lector o lectora interesados los tendrán que buscar en bibliotecas teológicas.

¿Por dónde empezar? Lo primero que sugiero a mis lectores y lectoras es darle una repasada al Pacto de Lausana. Lo he citado muchas veces a lo largo de este libro y es un documento que ha tenido una influencia positiva sobre lo mejor del movimiento misionero en los últimos treinta años. Resume una toma de conciencia, propone lecturas bíblicas e invita a la reflexión y la acción. Hay una edición que incluye un comentario por uno de sus artífices, el predicador británico John Stott. El texto del Pacto se ha incluido en varios libros y colecciones de documentos. La edición que yo manejo fue publicada por Visión Mundial de México.

Historias e Historia

Mucho se aprende de las historias personales bien contadas y es grato meterse en la problemática misionera de la mano de un buen practicante que comparte su historia y reflexiona sobre ella. En ese sentido recomiendo la obra de un neocelandés, casado con una brasileña, que se ha metido a hacer misión en el mundo de la pobreza urbana en varios continentes, Viv Grigg: *Siervos entre los pobres* (Nueva Creación, Buenos Aires-Grand Rapids, 1994). En este libro el autor no narra únicamente su aventura misionera personal en Filipinas sino también su redescubrimiento del tema de la pobreza en la Biblia. Más sencillos y con poco material de reflexión, pero igualmente interesantes, son dos colecciones de testimonios surgidos de la experiencia misionera de latinoamericanos: Federico Bertuzzi, ed., *Latinos en el mundo islámico* (UNILIT, Miami, 1991); 10 testimonios, y por 16 autores varios: *Testimonios de misioneros iberoamericanos* (COMIBAM, 2005). Hay luego una serie de breves relatos biográficos en tono anecdótico por León Mc Beth, *Hombres claves de las misiones* (Casa Bautista de Publicaciones, El Paso, 1980).

Un trabajo más profundo de reflexión teológica basada en modelos de obra misionera es el del brasileño Valdir Steuernagel, *Obediencia misionera y práctica histórica* (Nueva Creación, Buenos Aires-Grand Rapids, 1996), una perspectiva misionológica latinoamericana.

Los testimonios y biografías personales son la materia prima de lo que con criterio más riguroso se llama 'Historia', así con mayúscula. La Historia es una narración ordenada pero también crítica que toma en cuenta no solo los datos de los protagonistas sino también la época, el marco temporal más amplio y las repercusiones de la obra de los misioneros. El clásico escrito en nuestra lengua es de Justo L. González: *Historia de las misiones* (La Aurora, Buenos Aires, 1970), de gran calidad, riqueza de información y claridad, como todo lo que escribe este historiador cubano-estadounidense. Un poco más anecdótico y menos académico es Ruth A. Tucker *Hasta lo último de la tierra, Historia biográfica de la obra misionera* (Editorial Vida, Miami, 1988).

Debemos hacer referencia especial a América Latina y aquí cabe recordar que el lector evangélico por lo general desconoce la obra misionera católica del siglo dieciséis, y ello es una laguna que hace falta subsanar en la formación misionera, porque los misioneros que vinieron en esa época enfrentaron algunas de las mismas cuestiones que enfrentan los misioneros hoy en día. Dos panoramas informativos y críticos que constituyen una buena introducción son Pedro Borges, *Misión y civilización en América* (Alhambra, Madrid, 1987), y luego, del Instituto Teológico de Vida Religiosa, *Gracia y desgracia de la evangelización de América* (Publicaciones Claretianas, Madrid, 1992). Un panorama breve de perspectiva evangélica es Juan Kessler, *500 años de evangelización en América Latina* (IINDEF, San José, Costa Rica, 1992), que se puede leer junto con una serie de semblanzas por David R. Powell, *Huellas que perduran: Personalidades cristianas de América Latina* (Ediciones Crecimiento Cristiano, Villa María, Argentina, 2004). Sydney Rooy ofrece calidad historiográfica aunque de lectura fácil en *Misión y encuentro de culturas* (Kairós, Buenos Aires, 2001), un panorama de personas y movimientos protestantes que realizaron la misión en América Latina.

Hay trabajos excelentes dedicados a un país que permiten entender mejor la obra misionera en toda una región. De entre varios estudios de este tipo hay cuatro que me parecen muy útiles y que se prestan a una reflexión comparativa en dos países latinoamericanos. Primero un estudio católico clásico sobre el siglo dieciséis, Robert Ricard, *La conquista espiritual de Mexico* (Fondo de Cultura Económica, Mexico, 1991), y luego sobre las misiones metodistas en el mismo país en los siglos diecinueve y veinte, Rubén Ruiz Guerra, *Hombres nuevos: Metodismo y modernización en México (1873–1930)* (CUPSA, México, 1992). Respecto al caso del Perú está un trabajo católico minucioso por un antropólogo e historiador jesuita muy respetado, Manuel Marzal, *La transformación religiosa peruana* (Pontificia Universidad Católica, Lima, 1983), que puede complementarse luego con el trabajo de un joven historiador pentecostal, Juan Fonseca Ariza, *Misioneros y civilizadores: Protestantismo y modernización en el Perú (1915–1930)* (Pontificia Universidad Católica del Perú, Lima, 2002). Finalmente un minucioso trabajo crítico que muestra la interacción entre motivos religiosos y políticos en la misión protestante es el del costarricense Arturo Piedra, *Evangelización protestante en América Latina* (CLAI, Quito, Tomo 1, 2000; Tomo II, 2002).

La Historia mira hacia el pasado pero también puede ayudarnos a mirar hacia el futuro, y ello es importante cuando se trata de la misión cristiana en las próximas décadas. Justo L. González nos ayuda a proyectar una visión del futuro, nuevos mapas, tomando en cuenta la perspectiva cristiana pero también los tremendos cambios que se han dado en la situación mundial. Lo hace en su libro *Mapas para la historia futura de la Iglesia* (Kairós, Buenos Aires, 2001).

Bases bíblicas de la misión

Decíamos que la misionología es un esfuerzo por comprender y analizar las prácticas misioneras a la luz de la Palabra de Dios y hacíamos referencia en el capítulo 8 a varios trabajos que significan una nueva lectura de la Biblia, dirigida a corregir aspectos de la empresa misionera que reflejaban la cultura de Occidente más que los modelos bíblicos de acción misionera. Un clásico por dos autores católicos es *Biblia y misión*, de Donald Senior y Carroll Stuhlmueller (Verbo Divino, Estella, 1985). El evangelista anglicano Michael Green exploró en profundidad el Nuevo Testamento en su libro *La evangelización en la iglesia primitiva* (Nueva Creación, Buenos Aires-Grand Rapids, 1997), un trabajo sistemático magistral. Una lectura polémica del Nuevo Testamento, especialmente de la práctica paulina en contraste con las misiones europeas, se puede ver en Roland Allen: *La expansión espontánea de la iglesia* (La Aurora, Buenos Aires, 1970).

Felizmente en este campo contamos ahora con varios trabajos de biblistas latinoamericanos entre los que destaca en primer lugar un libro de casi 500 páginas editado por C. René Padilla, *Bases bíblicas de la misión* (Nueva Creación-Eerdmans, Buenos Aires-Grand Rapids, 1998) en el que han colaborado quince autores, y que cuenta con una guía de estudio. Este texto puede complementarse con una segunda colección de trabajos sobre el tema específico de la misión integral: C. René Padilla y Harold Segura, eds., *Ser, hacer y decir. Bases bíblicas de la misión integral*

(Kairós, Buenos Aires, 2006). Recomendaría luego el trabajo de dos uruguayos, Mortimer Arias y Juan Damián, *La gran comisión*. *Relectura desde América Latina* (CLAI, Quito, 1994), que se presenta como un estudio exegético y un manual para talleres de evangelización. El peruano Darío López ha enfocado en particular el Evangelio de Lucas en su libro *La misión liberadora de Jesús* (Ediciones Puma, Lima, 1997). Una lectura del libro de Hechos desde la situación latinoamericana la ofrecen varios autores en el libro editado por René Padilla, *La fuerza del Espíritu en la evangelización* (Kairós, Buenos Aires, 2005). Sobre el mismo libro bíblico un comentario de especial valor para los lectores latinoamericanos es el de Justo L. González, *Hechos de los Apóstoles* (Kairós, Buenos Aires, 2000).

Teología de la misión

El trabajo bíblico al estilo evangélico es también fundamental en las obras que ahora comento en esta sección sobre teología de la misión, en la que incluyo sobre todo trabajos de autores latinoamericanos que nos permiten acceder a especialistas de otras lenguas y culturas. Casi todas estas obras tienen una intención pastoral más que especulativa y en ellas mis lectores y lectoras encontrarán no solo un desafío a pensar sino también inspiración para actuar. Comienzo con dos trabajos del teólogo ecuatoriano C. René Padilla. En primer lugar un libro que ha tenido gran impacto en varias lenguas, *Misión integral* (Nueva Creación, Buenos Aires, 1985) en el cual desarrolla una rica teología bíblica alrededor de temas fundamentales de la misión: qué es el evangelio, la misión y el reino de Dios, el estilo de vida sencillo, las unidades homogéneas del Iglecrecimiento, entre otros. Luego *Discipulado y misión. Compromiso con el reino de Dios* (Kairós, Buenos Aires, 1997), donde teologiza en ensayos breves, a un ritmo periodístico, ágil pero profundo y consistente. Como complemento, tenemos un trabajo sistemático por el teólogo y pastor salvadoreño Emilio A. Núñez, *Hacia una misionología evangélica latinoamericana* (COMIBAM Internacional-UNILIT, Santa Fe, Argentina-Miami, 1997), que es la primera parte de un proyecto que el título describe bien. Núñez aclara que su intención 'no es la promoción misionera sino la reflexión con base en la Biblia, en diálogo con la realidad latinoamericana, y en relación constante con el pueblo de Dios', y consigue su objetivo. Un esfuerzo sintético valioso que conserva su valor por la forma sistemática con que se presenta es el de Orlando Costas, *Compromiso y misión* (CELEP-Caribe, San José, Costa Rica, 1978). .

Como trabajo individual valioso por uno de los grandes teólogos de la misión en el siglo veinte, señalo dos libros del británico Lesslie Newbigin, uno antiguo y uno más reciente. El primero, de su época de misionero en la India es *La familia de Dios* (CUP, México, 1961) un tratado magistral sobre la Iglesia y su ser misionero, y el segundo de su época posterior de misionero en la Inglaterra secularizada y posmoderna, *Una verdad que hay que decir* (Sal Terrae, Santander, 1994). Es una obra desafiante. Una eclesiología más reciente de corte francamente misionero es la de Carlos Van Engen, *El pueblo misionero de Dios* (Desafío, Grand Rapids, 2004), y una reflexión con excelente trabajo en los textos bíblicos es la de Mortimer Arias *Anunciando el reinado de Dios* (Visión Mundial, San José, Costa Rica, 1998). El teólogo estadounidense-costarricense Juan Stam presenta la pertinencia de la doctrina de la creación para la misión cristiana en *Las buenas nuevas de la creación* (Nueva Creación, Buenos Aires, 1995). En 1992 la Fraternidad Teológica Latinoamericana celebró el Tercer Congreso Latinoamericano de Evangelización en Quito, Ecuador, con una temática misionera recogida en el título de un volumen colectivo que contiene mucha reflexión teológica pero también informes de grupos de trabajo y debates sobre la práctica de la misión: Fraternidad Teológica Latinoamericana CLADE III *Todo el evangelio para todos los pueblos desde América Latina* (Fraternidad Teológica Latinoamericana, Buenos Aires, 1992).

La misión integral

Dentro del movimiento de Lausana, al cual me he referido en especial en el capítulo 9, los pensadores evangélicos latinoamericanos hicieron un aporte especial al plantear la integridad de la misión como uno de los grandes desafíos de nuestro tiempo. Un trabajo que resume el estado actual de la cuestión es el de Pedro Arana, Samuel Escobar y René Padilla, *El trino Dios y la misión integral* (Kairós, Buenos Aires, 2003). También René Padilla ha contribuido a la edición de dos libros en los cuales se incluye estudios de caso y reflexión misionológica. Primero, C. René Padilla y Tetsunao Yamamori, eds., *Servir entre los pobres en América Latina* (Kairós, Buenos Aires, 1998), y luego, entrando más bien en la reflexión eclesiológica pero igualmente con estudios de caso, C. René Padilla y Tetsunao Yamamori, eds., *La iglesia como agente de transformación* (Kairós, Buenos Aires, 2003). De valor histórico para refrescar la memoria sobre los comienzos de esta reflexión puede servir mi libro, *Evangelio y realidad social* (Casa Bautista de Publicaciones, El Paso, 1988). Dando cuenta de la práctica y la reflexión más reciente, en un nivel global y con gran sentido didáctico, se ofrece un resumen excelente en Bryant Myers, *Caminar con los pobres* (Kairós, Buenos Aires, 2004). Un libro de reflexión y sugerencias prácticas sobre el tema de la microempresa es David R. Befus, *Negocios para el Reino* (Latin America Mission, Miami, 2000).

Evangelio y cultura

Aquellos misioneros cuya acción supone el cruce de una cultura a otra tendrán que resolver la problemática que les plantea su propio bagaje cultural en encuentro o choque con la cultura hacia la cual van con el evangelio. Esto requiere la tarea de distinguir entre el meollo bíblico de su fe y vida cristiana, y el ropaje cultural que las contiene. Esta distinción requiere un acto de reflexión sobre la propia práctica y el desarrollo de un discernimiento que tiene que ser iluminado por la Palabra de Dios. Aunque solo una auténtica inmersión en otra cultura ayuda a percibir el problema, bien vale la pena ir preparado de antemano. Un trabajo clásico es el documento que produjo el movimiento de Lausana, al cual he hecho referencia en el capítulo 4, Comité de Lausana, *Evangelio y Cultura. Informe de la consulta de Willowbank* (Visión Mundial de México). Aunque a primera vista puede asustar este documento es de lectura sencilla, fruto de una consulta de alto nivel, y fue redactado por John Stott, lo que garantiza su claridad y solidez evangélica. En algunas ediciones tiene una guía de estudio incluida.

A continuación pondría un trabajo de un antropólogo peruano que muestra la forma en que las ciencias sociales pueden ser útiles a la misión cristiana, y trata temas relativos a la contextualización: Tito Paredes, *El evangelio: un tesoro en vasijas de barro* (Kairós, Buenos Aires, 2000). Como resultado de una consulta de misioneros latinoamericanos en el mundo islámico y de misionólogos hay un trabajo breve pero útil, COMIBAM Internacional, *Misión Transcultural. Fundamentos bíblicos. Alternativas para la iglesia latina del siglo XXI* (PM Internacional-COMIBAM, Santa Fe, Argentina, 2000). Dos lingüistas y antropólogos estadounidenses de renombre mundial son los autores de un trabajo breve pero profundo sobre el tema de la comunicación, en especial en lo que tiene que ver con la traducción de la Biblia. Creo que su lectura también sirve como una ayuda para la toma de conciencia de la cuestión cultural en el campo de la misión: Eugene A. Nida y William D. Rayburn, *Significado y diversidad cultural* (Sociedades Bíblicas Unidas, Miami, 1998). A quien quiera profundizar más en este campo le recomiendo un libro extenso pero utilísimo, escrito con intención docente y fruto de cuarenta años de inmersión misionera, de un jesuita español en el Perú, Manuel M. Marzal, *Tierra encantada: Tratado de Antropología religiosa de América Latina* (Trotta, Madrid, 2002). Los lectores evangélicos encontrarán muy interesantes los capítulos 18 y 19 de este libro, que se ocupan de los protestantes.

Cuestiones debatidas

Los temas de debate en los estudios misioneros van cambiando, y aquí presto atención a los que se han tratado en la década más reciente. Un trabajo colectivo editado por INDEEF en Costa Rica es *Poder y misión. Debate sobre la guerra espiritual en América Latina* (San José, 1997), en el cual se estudia en forma sistemática el tema de 'la guerra espiritual', muy popular en círculos misioneros latinoamericanos. Se puede complementar con una obra por Esteban Voth, Mervin Breneman y Laura Saá, *La guerra espiritual ¿Realidad o ficción?* (Kairós, Buenos Aires, 2004).

En América Latina las misiones protestantes de los siglos diecinueve y veinte recibieron una oposición frontal por parte de la Iglesia Católica Romana que era la fuerza religiosa predominante. Hasta hoy duran los efectos de esa oposición y sin embargo hoy se hace necesario un conocimiento mutuo en el aspecto misionero. Las conversaciones de alto nivel entre evangélicos y católicos durante un proceso de varios años produjeron un documento teológico y misional que vale la pena conocer: John R.W.Stott y Basil Meeking, *Diálogo sobre la misión* (Nueva Creación, Buenos Aires, 1988). Tres documentos papales de Juan Pablo II dan una idea de la postura oficial católica sobre varios temas misioneros. En primer lugar, dos encíclicas, *Redemptoris Missio* en la cual se resume los conceptos más recientes sobre la misión en el ámbito católico, y *Tertio Millennio Adveniente* que ofrece una interpretación de la nueva cultura global. Luego tenemos la exhortación apostólica postsinodal *Ecclesia in America,* resultado de reuniones de evaluación y estrategia de los obispos católicos de las tres Américas. Hay diversas ediciones de estos documentos que se consiguen en cualquier librería católica. Por último el libro dirigido por Sebastián Karotempel, *Seguir a Cristo en la misión* (Verbo Divino, Estella, 2000), un breve manual de misionología compuesto por ocho estudiosos católicos de todo el mundo.

Se ha hecho referencia al crecimiento fenomenal del protestantismo en América Latina y también a las teorías del llamado 'Iglecrecimiento'. Quien lea los trabajos de autores aquí mencionados como René Padilla y los pensadores de la Fraternidad Teológica Latinoamericana, notará que hay en ellos una referencia polémica a la teoría de Iglecrecimiento. Sobre la significación misionológica del crecimiento evangélico en América Latina me he ocupado en *Tiempo de misión* (Clara-Semilla, Guatemala, 1999) donde resumo la polémica y también toco varios aspectos del catolicismo en relación con la misión cristiana. Un buen resumen de la teoría que también toma en cuenta las críticas más importantes es Juan Wagenveld, *Iglecrecimiento integral. Hacia una iglesia de impacto* (FLET-UNILIT, Miami, 2000). Este es un manual práctico pero fundamentado en la reflexión teológica. Un trabajo que representa bien la teoría mencionada y permite ver sus defectos y virtudes es Larry D. Pate, *Misionología: nuestro cometido transcultural* (Editorial Vida, Miami, 1987).

Obras de referencia

Estos son los libros útiles que han de estar en toda biblioteca aunque no se leen de corrido, y que bien vale la pena tener como obras de referencia. Aunque no haya sido escrito con la precisa intención de ser libro de referencia, ubico en esta categoría un libro vasto y magistral por un misionólogo sudafricano, David J. Bosch, *Misión en transformación. Cambios de paradigma en la teología de la misión* (Libros Desafío, Grand Rapids, 2000).

Es un resumen histórico-teológico de lo que ha sido la práctica misionera de veinte siglos, empezando por el Nuevo Testamento. La perspectiva es básicamente europea pero el autor tiene conciencia de la nueva situación del cristianismo global en el mundo.

La siguiente obra tiene una definida perspectiva latinoamericana y es el trabajo del historiador y pastor argentino Pablo A. Deiros, *Diccionario hispanoamericano de la misión* (COMIBAM Internacional-UNILIT, Santa Fe, Argentina-Miami, 1997). Respecto al movimiento misionero desde América Latina un libro útil es Ted Limpic, *Catálogo de organizaciones misioneras iberoamericanas* (COMIBAM Internacional-UNILIT, Santa Fe, Argentina-Miami, 1997). Hay dos historias del cristianismo en América Latina que tienen referencias extensas a la labor misionera tanto católica como protestante. En primer lugar Hans Jürgen Prien, *La historia del Cristianismo en América Latina* (Sígueme, Salamanca, 1985), trabajo minucioso y preciso de un historiador alemán que fue misionero en Brasil. Luego un trabajo que incluye muchos recursos didácticos e ilustraciones que facilitan la lectura, Pablo Alberto Deiros, *Historia del*

Cristianismo en América Latina (Fraternidad Teológica Latinoamericana, Buenos Aires, 1992).

Una obediencia misionera nutrida de la práctica y la reflexión bien informada por el estudio y la lectura será una manera de incorporarnos lo que Dios está haciendo en el mundo, con los ojos abiertos.

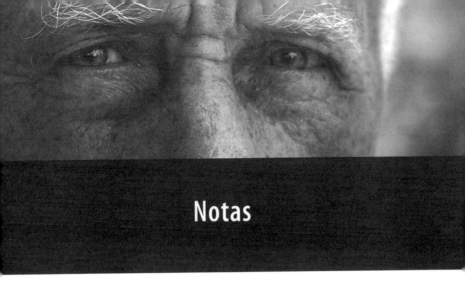

Notas

Capítulo 1

[1] Diversas estadísticas sobre actividad misionera y factores que influyen sobre ella se pueden ver en Bryant L. Myers: *The New Context of World Mission*, MARC, Monrovia, California, 1996.

[2] Andrew Walls: *The Missionary Movement in Christian History*, Orbis, Maryknoll, 1996; p. 22.

[3] Walbert Bühlman: *The Church of the Future*, Orbis, Maryknoll, 1986, p. 6. Ver también del mismo autor: *La tercera Iglesia a las puertas*, Ediciones Paulinas, Madrid, 1977.

[4] Robert Mapes Anderson: *Vision of the Disinherited: The Making of American Pentecosalism*, Oxford University Press, 1979.

[5] Lesslie Newbigin: *Foolishness to the Greeks*, World Council Of Churches, Ginebra, 1986; p. 3.

[6] David Bosch: 'Reflections on Biblical Models of Mission', en James M. Phillips y Robert L. Coote, eds.: *Towards the 21st Century in Christian Mission*, Grand Rapids, Eerdmans, 1993; p. 177.

[7] Tomo la frase entrecomillada del teólogo brasileño Valdir Steuernagel en su libro: *Obediencia misionera y práctica histórica*, Nueva Creación, 1996.

[8] Pienso, por ejemplo, en Eugenio Nida, Jacob Loewen, Charles Taber, Paul Hiebert y Miriam Adeney. De Nida tenemos en castellano la obra: *Significado y diversidad cultural*, Sociedades Unidas, Miami, 1998. Ver en especial el libro del antropólogo peruano Tito Paredes: *El Evangelio: un tesoro en vasijas de barro*, Kairós, 2000.

[9] Desde el lado latinoamericano pensadores evangélicos como Gonzalo Báez Camargo, Emilio Castro y José Míguez Bonino mantuvieron diálogo con esta corriente.

[10] Las exposiciones de Stott fueron publicadas en castellano por la revista *Pensamiento Cristiano* y luego compiladas en forma de libro.

[11] Ver el excelente trabajo del teólogo uruguayo Mortimer Arias: *La Gran Comisión*, CLAI, 1994.

[12] Un ejemplo de esta escuela es el libro de Larry D. Pate: *Misionología: nuestro cometido transcultural*, Vida, Miami, 1987.

[13] Este trabajo aparece en Samuel Escobar: *Evangelio y realidad social*, Casa Bautista de Publicaciones, 1988; pp. 77–128.

[14] Ver el trabajo de René Padilla: 'El Evangelio y la evangelización', en su libro: *Misión integral*, Nueva Creación, 1986; pp. 1–44.

Capítulo 2

[1] Resumen estadístico anual publicado por David Barrett en: *International Bulletin of Missionary Research* Vol. 30, N°. 1, 2006; p. 28.

[2] El mejor trabajo que conozco sobre el tema es Valdir Steuernagel: *Obediencia misionera y práctica histórica*, Nueva Creación, Buenos Aires-Grand Rapids, 1996.

[3] Eduardo Hoornaert: *La memoria del pueblo cristiano*, Ediciones Paulinas, Buenos Aires, 1986; p. 14.

[4] *Id.*; p. 26.

[5] *Ibid.*

[6] Ruth Tucker: 'Female Mission Strategists: A Historical and Contemporary Perspective', *Missiology* XV(1) 1987; p. 76.

[7] Ruth Tucker: *Guardians of the Great Commission*, Zondervan, Grand Rapids, 1988; p. 95.

[8] *History of the Expansion of Christianity,* Zondervan, Grand Rapids, 1970. Sólo el tomo siete de esta obra se tradujo al castellano, con el título *A través de la tormenta* (La Aurora, Buenos Aires). Otras obras de este autor existen en nuestra lengua.

[9] Kenneth Scott Latourette: *The Unquenchable Light*, London: Eyre and Spottiswoode, 1948; pp. IX–X.

[10] Ralph D. Winter, *The 25 Unbelievable Years 1945–1969*, William Carey, Pasadena, 1970.

[11] Tom Houston, basado en datos ofrecidos por David Barrett: 'Escenario 2000: World Evangelization review' en Paul Varo Martinson, ed.: *Mission at the Dawn of the 21st Century*, Kirk House Publishers, Minneapolis, 1999; p. 372.

[12] Andrew Walls: 'The Mission of the Church Today in the Light of Global History', en Varo Martinson, *op.cit.*; p. 385.

[13] Henry J. Cadbury: *The Book of Acts in History*, Harper, New York, 1955; p. 58.

[14] Justo L. González: *Historia de las Misiones,* La Aurora, Buenos Aires, 1970; p. 59.

[15] Del *Panegírico* de Gregorio, citado en Alan Kreider: *The Change of Conversion and the Origin of Christendom*, Trinity Press International, Harrisburg, 1999; p. 29.

[16] Gustavo Gutiérrez: *En busca de los pobres de Jesucristo*, Instituto Bartolomé de las Casas, Lima, 1992; p. 198.

[17] *Id.*, p. 203.

[18] Latourette, *op.cit*; pp. 42–43.

[19] Margarita Cantera y Santiago Cantera: *Los monjes y la cristianización de Europa*, Arco Libros, Madrid, 1996; p. 21.

[20] Latourette, *op.cit*, p. 44.

[21] Stephen Neill: *A History of Christian Missions*, Penguin Books, 1964; p. 117.

[22] *Id.*; pp. 134–135.

[23] Margarita Cantera y Santiago Cantera: *Las órdenes religiosas en la iglesia medieval. Siglos XIII a XV*, Arco Libros, Madrid, 1998; pp. 73–74.

[24] Mario A. Rodriguez León: 'Invasion and Evangelization in the Sixteenth Century', en Enrique Dussel, ed.: *The Church in Latin America 1492–1992*, Burns & Oates-Orbis, Tunbridge Wells-Maryknoll, 1992; pp. 44–45.

[25] *Id.*, p. 53.

[26] Robert Bolton: *The Mission*, Jove Books, New York, 1986.

[27] Roger Mehl: *Tratado de sociología del protestantismo*, Studium, Madrid, 1974; p. 182.

[28] Andrew Walls: 'The American Dimension in the History of the Missionary Movement', en Joel A. Carpenter & Wilbert R. Shenk: *Earthen Vessels. American Evangelicals and Foreign Missions*, Eerdmans, Grand Rapids, 1990; p. 15.

[29] Dana L. Robert: "The Origin of the Student Volunteer Watchword: 'The Evangelization of the World in This Generation'", *International Bulletin of Missionary Research*, Vol. 10, N. 4, octubre 1986; p. 186.

[30] Mehl, *op.cit.*; p. 81.

Capítulo 3

[1] Después de una carrera de servicio fructífero en Bolivia, en 2006 Calvin trabaja para la FAO en Roma.

[2] En 1955 se reunieron por primera vez en Bandung los países no-alineados, casi todos ellos nuevos y recién salidos del estado colonial. Un periodista francés, recordando la emergencia del tercer estado en la revolución francesa, acuñó la expresión 'tercer mundo' para referirse a dichos países. En este libro utilizo esta expresión, aunque su uso está cambiando.

[3] Robert J. Schreiter: *The New Catholicity*, Orbis, Maryknoll, 1997, p. 6.

[4] Jacques Attali: *Millennium*, Times Books, New York, 1991, pp. 8–9.

[5] Howard Snyder: *Earthcurrents, The Struggle for the World's Soul*, Abingdon, Nashville, 1995; p. 46.

[6] Schreiter: *op.cit*, p. 9.

[7] *Id.*

[8] C. René Padilla: *Misión integral*, Nueva Creación, Buenos Aires-Grand Rapids, 1986, p. 16.

[9] Lamin Sanneh: *Translating the Message. The Missionary Impact on Culture*, Orbis, Maryknoll, 1989,p.2.

[10] *Ibid.*; p. 138

[11] Justo L. Gonzalez: *For the healing of the Nations*, Orbis, Maryknoll, 1999, p. 78.

[12] *Id.*, p. 79.

[13] Howard A. Snyder, ed. *Global Good News*, Abingdon Press, Nashville, 2001, p. 224.

[14] Joseph D. Souza: 'The Saffronization Challenge', en William D. Taylor, ed.: *Global Missiology for the 21st Century*, Baker, Grand Rapids, 2000.

[15] Schreiter: *op.cit.*, p. 7.

[16] Tal es caso de la misión SIM (Servants in Misión) que trabaja en Asia, África y América Latina.

[17] Peter F. Drucker: 'The Age of Social Transformation' en *The Atlantic Monthly*, noviembre 1994, p. 73. Énfasis agregado por el autor.

[18] Agencias tales como Visión Mundial, MAP, Fundación contra el Hambre, Pan para el Mundo, Habitat for Humanity o MEDA han crecido significativamente en los últimos años. En castellano han aparecido una serie de libros editado por Tetsunao Yamamori y René Padilla, con estudios de caso de misión integral. Ver *Servir con los pobres en América Latina*, Kairós, Buenos Aires, 1997; *La iglesia local como agente de transformación*, Kairós, Buenos Aires, 2003; *El proyecto de Dios y las necesidades humanas*, Kairós, Buenos Aires, 2006.

[19] Tim Stafford: 'The Criminologist who Discovered Churches' en *Christianity Today*, junio 14, 1999; pp. 35-39.

[20] Cecilia Mariz: *Coping With Poverty*, Temple University Press, Philadelphia, 1994.

[21] David Martin: *Tongues of Fire*, Basil Blackwell, Oxford, 1990. Martin se basa en estudios acerca del crecimiento pentecostal en Sudáfrica y Corea del Sur, comparándolo con su trabajo masivo sobre América Latina.

[22] Snyder: *Global Good News*, p. 224.

Capítulo 4

[1] Roger Mehl: *Tratado de Sociología del Protestantismo*, Studium, Madrid, 1974, p. 81.

[2] Kenneth Scout Latourette: *The Christian Outlook*, Harper & Brothers, New York, 1948, p. 8.

[3] Este es el título de un libro en el cual dos pastores metodistas estadounidenses examinan el tema en referencia a su país, Stanley Hauerwas y William H. Willimon: *Resident Aliens*, Abingdon, 1989.

[4] Rosemary Dowset: 'Dry bones in the West' en William D. Taylor, ed., *Global Missiology for the 21st Century*, Baker, Grand Rapids, 2000, p. 449.

[5] Ver el trabajo introductorio por Daniel Salinas y Samuel Escobar: *Postmodernidad: nuevos desafíos a la fe cristiana*, Lámpara, 1997, y también In Sik Hong y otros: *Etica y religiosidad en tiempos posmodernos*, Kairós, 2001.

[6] Jacques Attali: *Millennium*, Times, 1991, p. 5

[7] Michael Green (1997) describe bien este proceso en el primer capítulo de su obra: *La evangelización en la iglesia primitiva*, Nueva Creación, Buenos Aires-Grand Rapids, 1997.

[8] Jim Pluedemann: 'Spiritual Formation', en Scott Moreau y otros; *Evangelical Dictionary of World Missions*, Baker y Paternoster, 2000, p. 902.

[9] George Hunter III: 'The case for Culturally Relevant Congregations', en Howard Snyder, ed., *Global Good News* Nasville, Abingdon, 2001, p. 105.

[10] Al respecto ver la investigación en profunidad llevada a cabo por In Sik Hong en una iglesia evangélica de este tipo en Buenos Aires, Argentina: *¿Una iglesia posmoderna?*, Kairós, Buenos Aires, 2001.

[11] Carl Henry: *Evangelical Responsibility in Contemporary Theology*, Eerdmans, 1957, pp. 43, 33.

[12] Informe de Willowbank sobre: 'Evangelio y Cultura', texto aquí traducido tomado de John R.W. Stott, ed. *Making Christ Known: Historic Mission Documents from the Lausanne Movement 1974–1989*, Eerdmans y Paternoster, 1996, p. 88.

[13] *Ibid.*, p. 89.

[14] J. Dudley Woodberry: 'Terrorism, Islam, and Misión: Reflections of a Guest in Muslim Lands', *International Bulletin of Missionary Research*, January 2002, p. 6.

Capítulo 5

[1] Vishal Mangalwadi: *Missionary Conspiracy: Letters to a Postmodern Hindu Carlisle*, OM, 1998; pp. 23, 20.

[2] Lesslie Newbigin: *The Gospel in a Pluralist Society*, SPCK, Londres, pp. 182–183.

[3] Lucien Legrand: *Unity and Plurality: Mission in the Bible*, Orbis, Maryknoll, 1990; p. XIV.

[4] *Id.*, p. 4.

[5] Walter Kaiser: *Misión in the Old Testament: Israel as a Light to the Nations*, Baker, Grand Rapids, 2000; pp. 30–33.

[6] Legrand: *op.cit.*, pp. 15–18.

[7] Justo L. González: *Acts: the Gospl of the Spirit*, Orbis, Maryknoll, 2001, p. 161.

Capítulo 6

[1] Vishal Mangalwadi: *Missionary conspiracy: Letters to a postmodern Hindu*, OM, 1998, p. 10.

[2] Vinoth Ramachandra: *The recovery of mission*, Eerdmans, Grand Rapids, 1996, p. 180.

[3] Howard Snyder ed: *Global good news*, Abingdon, Nashville, 2001, p. 222.

[4] John R. W. Stott: *El cristiano contemporáneo*, Nueva Creación, 1995, p. 55.

[5] Alister E. McGrath: *Evangelicalism and the future of Christianity*, IVP, 1995, p. 65.

[6] Basil Meeking y John Stott: *Diálogo sobre la misión*, Nueva Creación, Buenos Aires, 1988. El diálogo evangélico-católico romano sobre la misión fue un proceso que se llevó a cabo en tres sesiones: Venecia, 1977; Cambridge, 1982; y Landevennec, Francia, 1984.

[7] Meeking-Stott: *op.cit.*, pp. 28–29. Énfasis agregado por el autor.

[8] 'The Hong Kong call to conversión' (El llamado de Hong Kong a la conversión), *Evangelical Review of Theology* 16.3, 1992, p. 264.

[9] *Ibid.*, pp. 264-265.

[10] C. René Padilla: 'Bible Studies', *Missiology* 10.3, 1982, pp 319-338.

[11] John R. W. Stott: 'La cristología de la misión', en *El cristiano contemporáneo*, p. 342.

[12] *Ibid.*, p. 358 [p. 343 en la edición en castellano].

[13] Nueva Creación, Buenos Aires-Grand Rapids, 1994.

[14] Ver, por ejemplo, C. René Padilla, ed.: *The new face of evangelicalism*, IVP, 1976; Vinay Samuel y Chris Sugden, Eds.: *Sharing Jesus in the Two Thirds World*, Eerdmans, Grand Rapids, 1983.

[15] René Padilla en Samuel y Sugden: *Sharing Jesus*, p. 28.

[16] Ramachandra: *Recovery of mission*, p. 196.

Capítulo 7

[1] John V. Taylor: *The go-between God: The Holy Spirit and Christian mission*, Fortress, 1973, p. 196.

[2] David B. Barrett: 'Missiometrics 2006: Goals, resources, doctrines of the 350 Christian World Communions', *International Bulletin of Missionary Research* Vol. 30, N°. 1 2006; p. 28.

[3] David B. Barrett: 'Statistics, Global', en Stanley M. Burgess, Gary B. McGee y Patrick H. Alexander, eds.: *Dictionary of pentecostal and charismatic movements*, Zondervan, 1988, pp. 810-830.

[4] Un resumen histórico de los orígenes del movimiento pentecostal se puede ver en Pablo A. Deiros y Carlos Mraida: *Latinoamérica en llamas*, Caribe, Miami, 1994, caps. I y II. Sobre el movimiento en América Latina ver Benjamín Gutiérrez: *En la fuerza del Espíritu*, Guatemala, AIPRAL–CELEP, 1995.

[5] Gary McGee: 'Initial Evidence, a Biblical Perspective', en Burgess et al., *op.cit.*, p. 455.

[6] J. B. A. Kessler: *A study of the older protestant missions and churches in Peru and Chile*, Oosterban & Le Countre, 1967, caps. 8, 9, 21.

[7] Gary McGee: 'Melvin Lyle Hodges', en Gerald H. Anderson ed: *Biographical dictionary of Christian missions*, Simon & Schuster y Macmillan, 1998, p. 296.

[8] (Buenos Aires: La Aurora, 1960). Otro libro clásico de este autor no traducido al castellano es *Missionary methods: St. Paul's or ours* (1912), sobre los métodos misioneros de san Pablo en comparación con los actuales.

[9] Charles H. Long y Anne Rowthorn: 'The Missionary Legacy of Roland Allen', en Gerald H. Anderson, Robert T. Coote, Norman A. Horner y James M. Phillips, eds.: *Mission legacies*, Orbis, 1994, p. 416.

[10] Russell p. Spittler: 'Implicit Values in Pentecostal Missions', *Missiology* 16.4, octubre 1988, p. 416.

[11] *Pentecost and the world: The revelation of the Holy Spirit in the Acts of the Apostles*, 1917 (Pentecostés y el mundo: La revelación del Espíritu Santo en los Hechos de los Apóstoles).

[12] En relación con este punto he estudiado el caso de América Latina con más detenimiento en mi libro *Tiempo de misión*: Semilla, Guatemala, 1999.

[13] Lesslie Newbigin, *La familia de Dios*, CUP, Mexico, 1961, pp. 152–153.

[14] Aquí cabe señalar obras como la de Harry R. Boer: *Pentecost and mission*; John V. Taylor: *The go-between God*; varias obras de James D. G. Dunn; y, más recientemente del biblista pentecostal Gordon Fee: *God's empowering presence*.

[15] C. René Padilla, ed.: *La fuerza del Espíritu en la evangelización*. Hechos de los Apóstoles en América Latina, Kairós, Buenos Aires, 2006.

[16] John Stott: *Evangelical truth: A personal plea for unity*, IVP, 1999, p. 104.

[17] Ajith Fernando: 'The Holy Spiriti, the Divine Implementer of Mission', en William D. Taylor ed: *Global missiology for the 21st century: The Iguassu dialogue*, Baker, 2000, p. 225.

[18] Harry R. Boer: *Pentecost and mission*, Eerdmans, 1979, p. 71.

[19] *Ibid.*, p. 133.

[20] Roland Allen: 'The Spirit the Source and Test of New Forms of Missionary Activity', selección de *Pentecost and the world: The revelation of the Holy Spirit in the Acts of the Apostles* (1917), en Douglas McConnell ed.:, *The Holy Spirit and mission dynamics*, William Carey Library, 1997, p. 96.

[21] Emil Brunner: *El malentendido de la iglesia*, Ediciones Transformación, Mexico, 1993, p. 58.

[22] *Ibid.*

[23] Valdir R. Steuernagel: *Obediencia missionária e prática histórica: Em busca de modelos*, ABU Editora, 1993.

Capítulo 8

[1] A. M. Chirgwin: *The Bible in world evangelism*, Friendship, 1954, p. 47.

[2] *Ibid.*, p. 34.

[3] Stephen Neill: *A history of Christian missions*, edición revisada, Penguin, 1986, p. 177.

[4] José Miguez Bonino: 'Main Currents of Protestantism', en Samuel Shapiro ed.: *Integration of man and society in Latin America*, Notre Dame University Press, 1967, p. 193.

[5] Bernard Ramm: *Protestant biblical interpretation*, Baker, 1970, p. 55.

[6] Chirgwin: op cit., p. 39.

[7] John A. Mackay: *Christianity on the frontier*, Macmillan, 1950, p. 117.

[8] Lamin Sanneh: *Translating the message: The missionary impact on culture*,Orbis, 1989, p. 4.

[9] Kwame Bediako: *Christianity in Africa: The renewal of a non-Western religion*, Edinburgh University Press, y Orbis, 1995, pp. 154–156.

[10] Roland Allen: *Missionary Methods,St. Paul's or ours?*, World Dominion, 1962.

[11] *Ibid.*, p. 55.

[12] *Ibid.*, p. 62.

[13] Andrew F. Walls: 'Culture and Coherence in Christian History', *Evangelical Review of Thetology* 9.3, 1985, p. 222.

[14] David B. Barrett: *Schism and renewal in Africa*, Oxford University Press, 1968, pp. 127, 129.

[15] John R. W. Stott: 'The Authority and Power of the Bible', en C. René Padilla, ed., *The new face of evangelicalism*, IVP, 1976, pp. 44-45.

[16] Lorenzo Bautista, Hidalgo B. Garcia, Sze-Kar Wan: 'The Asian Way of Thinking in Theology', *Evangelical Review of Theology* 6.1, 1982, p. 61.

[17] *Ibid.*, p. 41.

[18] *Ibid.*, p. 49.

[19] David Gitari: 'The Claims of Jesús Christ in the African Context', *Evangelical Review of Theology* 6.2, 1982, p. 215.

[20] *Ibid.*, p. 119.

[21] *Ibid.*, pp. 220-221.

[22] Pablo A. Jiménez y Justo L. González: *Manual de homilética hispana*, CLIE, Terrassa, 2006, p. 42.

[23] *Ibid.*

[24] Orlando Costas: *Evangelización contextual: fundamentos teológicos y pastorales*, SEBILA, San José, 1986, pp. 48-49.

[25] Darío López: 'La misión liberadora de Jesús según Lucas', en C. René Padilla, ed.: *Bases bíblicas de la misión Perspectivas latinoamericanas*, Nueva Creación, Buenos Aires, 1998, p. 225.

Capítulo 9

[1] Blanca Muratorio: *Etnicidad, evangelización y protesta en el Ecuador*, CIESE, 1981, pp. 73-98.

[2] Ofrecí una breve exposición de este proceso en mi presentación al Congreso de Lausana sobre Evangelización Mundial (1974) 'La evangelización y la búsqueda humana de libertad, justicia y realización', publicada en: Samuel Escobar: *Evangelio y realidad social*, Casa Bautista de Publicaciones, 1988, pp 77-128.

[3] Michael Cassidy: 'The Ethics of Political Nationalism', en C. F. H. Henry y W. S. Mooneyham ed.:, *One race, one gospel, one task*, World Wide, 1967, vol. 2, pp. 312-316.

[4] Leighton Ford: 'The Church and Evangelism in a Day of Revolution', en *Evangelism now*, George M. Wilson ed., World Wide, 1970, p. 62.

[5] Samuel Escobar: 'Responsabilidad social de la iglesia', ponencia en el CLADE I, Bogotá 1969, en *Evangelio y realidad social*, p. 31.

[6] Benjamín E. Fernando: 'The Evangel and social Upheaval', parte 2, en W. S. Mooneyham ed., *Christ seeks Asia*, Rock House, 1969, pp. 118–119.

[7] Michael Green: *Evangelism in the early church*, Hodder & Stoughton, 1970, p. 165.

[8] André Biéler: *El humanismo social de Calvino*, Escatón, Buenos Aires, 1973, p. 31.

[9] H. W. Beyer: en G. Kittel ed., *Theological dictionary of the New Testament*, Eerdmans, 1968, vol. 2, p. 82. Puede verse un resumen en: *Compendio del diccionario teológico del Nuevo Testamento*, Libros Desafío, 2003, p. 154 ss.

[10] *Theological Dictionary*, p. 84.

[11] *Informe de Grand Rapids*. 'El Evangelismo y la responsabilidad social', Visión Mundial Internacional, 1982, p. 28.

[12] *Ibid.*, p. 18.

[13] *Ibid.*, p. 22

[14] *Ibid.*, p. 23.

[15] Dos libros editados por René Padilla y Tetsunao Yamamori ofrecen un abanico de ejemplos de misión integral en América Latina y una reflexión teológica sobre el tema: *Servir con los pobres en América Latina*, Kairós, 1997, y *La iglesia local como agente de transformación*, Kairós, 2003.

Capítulo 10

[1] Daniel E. Fountain: *Health, the Bible and the church*, Billy Graham Center, 1989, p. 42.

[2] *Ibid.*

[3] F. F. Bruce: *I and II Corinthians*, New Century Bible Commentary, Eerdmans, 1987, p. 208.

[4] Fountain: *Health*, p. 12.

[5] *Ibid.*, p. 41.

[6] *Ibid.*, p. 31.

[7] Ajith Fernando: 'The Church: The Mirror of the Trinity', en William D. Taylor ed. *Global missiology for the 21st century: The Iguassu dialogue*, Baker, 2000, p. 248.

[8] Charles H. Kraft: *Christianity with power: Your worldview and your experience of the supernatural*, Servant, 1989.

[9] *Ibid.*, p. 4.

[10] *Ibid.*, p. 29.

[11] Lesslie Newbigin: *Foolishness to the Greeks: The Gospel and Western Culture*, Eerdmans, 1986, p. 3.

[12] *Ibid.*, p. 2.

[13] *Ibid.*, p. 2–3.

[14] La Ilustración o Iluminismo es el movimiento que partiendo del Renacimiento y las revoluciones francesa e inglesa domina el ambiente intelectual europeo y forja la llamada Modernidad que, entre otras cosas, hace una crítica racionalista de la visión cristiana.

[15] *Ibid.*, p. 45.

[16] David A. Shank: *What Western Christians Can Learn From African-initiated Churches*, Mennonite Board of Mission, 2000, p. 1.

[17] *Ibid.*, p. 4.

[18] *Ibid.*, pp. 4–11.

[19] Larry Pate: *From every people*, MARC, 1989, p. 5.

[20] *Ibid.*, p. 19.

[21] Ted Limpic: *Catálogo de organizaciones misioneras iberoamericanas*, Comibam, 1997, p. 19.

[22] COMIBAM: *Resultados y desafíos entre los no alcanzados. III Congreso Misionero Iberoamericano*, Granada, COMIBAM, 2006 p. 73.

[23] Con respecto a este punto ver mi libro: *Tiempo de misión*, Semilla, 1999.

[24] Paul G. Hiebert, 'Missions and the Revewal of the Church', en Gilbert R. Shenk ed., *Exploring church growth*, Eerdmans, 1983, p. 157.

[25] C. René Padilla: *Misión integral*, Nueva Creación, 1985, p. 162.

[26] *Ibid.*, p. 136. Énfasis agregado por el autor.

[27] Justo L. González: *Para la salud de las naciones*, Mundo Hispano, El Paso, 2005, p. 49.

[28] *Ibid.*, p. 119–120.

Editoriales de la Comunidad Internacional de Estudiantes Evangélicos (CIEE) apoyan esta publicación de Certeza Unida:

Certeza Argentina, Bernardo de Irigoyen 654, (C1072AAN) Ciudad Autónoma de Buenos Aires, Argentina. *certeza@certezaargentina.com.ar*

Editorial Lámpara, Calle Almirante Grau Nª 464, San Pedro, Casilla 8924, La Paz, Bolivia. *coorlamp@entelnet.bo*

Publicaciones Andamio, Alts Forns 68, Sótano 1, 08038, Barcelona, España. *editorial@publicacionesandamio.com*
www.publicacionesandamio.com

A la CIEE la componen los siguientes movimientos nacionales:

Asociación Bíblica Universitaria Argentina (ABUA)

Comunidad Cristiana Universitaria, Bolivia (CCU)

Aliança Bíblica Universitária do Brasil (ABUB)

Grupo Bíblico Universitario de Chile (GBUCH)

Unidad Cristiana Universitaria, Colombia (UCU)

Estudiantes Cristianos Unidos, Costa Rica (ECU)

Grupo de Estudiantes y Profesionales Evangélicos Koinonía, Cuba

Comunidad de Estudiantes Cristianos del Ecuador (CECE)

Movimiento Universitario Cristiano, El Salvador (MUC)

Grupo Evangélico Universitario, Guatemala (GEU)

Comunidad Cristiana Universitaria de Honduras (CCUH)

Compañerismo Estudiantil Asociación Civil, México (COMPA)

Comunidad de Estudiantes Cristianos de Nicaragua (CECNIC)

Comunidad de Estudiantes Cristianos, Panamá (CEC)

Grupo Bíblico Universitario del Paraguay (GBUP)

Asociación de Grupos Evangélicos Universitarios del Perú (AGEUP)

Asociación Bíblica Universitaria de Puerto Rico (ABU)

Asociación Dominicana de Estudiantes Evangélicos (ADEE)

Comunidad Bíblica Universitaria del Uruguay (CBUU)

Movimiento Universitario Evangélico Venezolano (MUEVE)

Oficina Regional de la CIEE: c/o ABUB, Caixa Postal 2216, 01060-970 São Paulo, SP, Brasil.
cieeal@cieeal.org | secregional@cieeal.org | www.cieeal.org

Esta edición se terminó de imprimir
en Editorial Buena Semilla,
Carrera 31, N° 64 A-34, Bogotá, Colombia,
en el mes de marzo de 2008.